つく語尾など

ループの形	第Ⅲグループの形	
Ⅱ-ㅂ시다 …しよう	Ⅲ-요 …します	Ⅲ-서 …するので
Ⅱ-세요 …なさいます	Ⅲ-ㅆ습니다 …しました	Ⅲ-ㅆ어요 …しました
Ⅱ-십시오 …してください	Ⅲ 주십시오 …してください	Ⅲ 주세요 …してください
Ⅱ-니까 …するから	Ⅲ 드리겠습니다 …してさしあげます	Ⅲ 드릴까요? …してさしあげましょうか？
Ⅱ-려면 …するためには	Ⅲ 보십시오 …してみてください	Ⅲ 보세요 …してみてください
Ⅱ-ㄹ 거예요 …するでしょう	Ⅲ-도 됩니다 …してもいいです	Ⅲ-도 돼요 …してもいいです
Ⅱ-ㄹ 수 있어요 …することができます	Ⅲ-ㅆ는데 …したけど	Ⅲ-ㅆ을 (때) …した(とき)
Ⅱ-ㄹ 것 같아요 …しそうです	Ⅲ-야 합니다 …しなければなりません	Ⅲ-야 해요 …しなければなりません
Ⅱ-려고 해요 …しようと思ってます	Ⅱ-러 갑니다 …しに行きます	Ⅱ-러 가요 …しに行きます
Ⅱ-ㄴ 것 같아요 …したようです	Ⅱ-면 됩니다 …すればいいです	Ⅱ-면 돼요 …すればいいです
Ⅱ-ㄹ (때) …する(とき)	Ⅱ-ㄴ 적이 있습니다 …したことがあります	Ⅱ-ㄴ 적이 있어요 …したことがあります

韓国語 用言

動詞・形容詞・存在詞・指定詞

活用と用例

金 美仙(キム ミソン)/著
野間秀樹/監修

SANSHUSHA

まえがき

　日本語を母語とする人が韓国語を学習する際に，初級者の場合に最も難しいのは発音，そして用言，すなわち動詞や形容詞などの活用です．とりわけ用言の活用は，中級レベル，あるいはハングル検定3級レベルに達するまでの大きなハードルになっており，韓国語の文法の分野では学習の根幹をなす課題だといえます．しかし，韓国語と構造的に似ている日本語が母語である人にとっては，そのハードルさえ乗り越えれば，韓国語は本当に親しみやすい言語となるのです．

　韓国語の用言の形造りは，活用のしくみさえ理解すれば，それほど困難なものではありません．しかし学習者が自ら形を造ってみても，それが正しいかどうか，学習者自身にはわからないのです．著者たちは，多くの学習者たちに接する中で，こうした悩みに応えてくれる学習書が必要なことを痛切に感じていました．

　本書は，用言のよく用いる形が一目でわかるような本はないのか，そういう願いに応える学習書です．用言の形造りのシステムをわかりやすく説明すると同時に，重要な形が一目でわかるように編んでいます．

　本書で採択した単語とその活用形は，日本と韓国で使われている主要な教科書，単語集，辞書，「ハングル」能力検定試験の4級，5級の単語から，出現頻度が高く，1を知って10を知りうるような用言90種を，選び出しました．それぞれの用言ごとに重要な形を表で提示し，巻末には資料一覧を付しました．

　さらに形がわかるだけではなく，それぞれの用言の実際の用法がわかるような例文を配しました．それぞれの用言がどのような単語や語尾と結びついて用いられるかがわかります．どれも覚えて実際に使えるような，生き生きとした用例です．

　用言の形造りの手引きと同時に，用言の用法を知る単語集としても活用し

ていただければと思います.
　本書を作るにあたって,三修社編集部の澤井啓允氏に大変お世話になりました.心よりお礼申し上げます.

著者

◆ 目 次

まえがき……………………………　1
韓国語の用言の活用のしくみ…　4
動詞の活用と用例……………… 18
存在詞の活用と用例…………… 162
形容詞の活用と用例…………… 168
指定詞の活用と用例…………… 211
活用のポイント………………… 213
教材に現れた用言……………… 225
教材に現れた語尾など………… 236
日本語からの索引……………… 239

韓国語の用言の活用のしくみ

　活用とは，日本語で言えば，「読む」に対して「読みます」「読めば」「読んで」などのように，用言がその形を変えることをいう．韓国語も日本語と同じように，「…します」「…すれば」「…して」といった文法的な意味を表すために，用言の活用がある．韓国語の用言の活用のしくみをここでまず覚えておこう．

用言とは

　韓国語の用言は文の**述語**になり得る単語であり，**動詞**，**形容詞**，**存在詞**，**指定詞**という4つの品詞がある．これら4つの品詞に属する単語が辞書に載るときの形を見ると，すべて-다 という形で終わっている．この「-다」の部分を**語尾**と呼び，その前の部分を**語幹**と呼ぶ：

잡다	つかむ	動詞
같다	同じだ	形容詞
있다	ある，いる	存在詞
-이다	…である	指定詞

　語尾「-다」で終わる，辞書の見出し語に記載されるこうした形を，**辞書形**，あるいは**基本形**と呼ぶ．

実際の文で辞書形は使われない

　-다は，辞書形をつくる語尾である．実際の文では，辞書形そのままの形で使うことはなく，次のように，辞書形の語尾-다の代わりに，さまざまな他の語尾が語幹について現れる：

> 잡고 (つかんで)
> 잡죠 (つかむでしょう)

　ところが，語尾の中には-고(…して)，-지요(…するでしょう？)などとは違って，用言の다を除いた形，つまり語幹にそのままつけることができずに，何らかの手を加えてつけるものもある．たとえば，-면(…すれば)，-면서(…しながら)などは，用言の다を除いた形に으をつけてからつける語尾である．また，-요(…します)，-서(…するので)などは，用言の다を除いた形に아をつけてからつける：

> 잡으면 (つかめば)　　　　잡아요 (つかみます)
> 잡으면서 (つかみながら)　잡아서 (つかんで)

　すなわち，-고(…するし)，-죠(…でしょう？)などと，-면(…すれば)，-면서(…しながら)など，そして-요(…します)，-서(…するので)，などは，語幹につけるそのつけ方によって3つのグループに分けることができる．

用言につくすべての語尾はそのつけ方によって 3つのグループに分け得る

> 第Ⅰグループの語尾：-고(…するし)，-죠(…するでしょう？)，…
> 第Ⅱグループの語尾：-면(…すれば)，-면서(…しながら)，…
> 第Ⅲグループの語尾：-요(…します)，-서(…するので)，…

　どの語尾がどのグループに属しているかは決まっているので，学習者はそれを覚えなければならない．ただし，ㄱやㅈで始まる語尾は第Ⅰグループであり，ㅁで始まる語尾は第Ⅱグループとなるように，語尾の頭音でおおよそ第何グループのものかが分かるようになっている．

第Ⅰグループの語尾のつけ方

　第Ⅰグループの語尾は用言の辞書形から-다 を除いた形，つまり語幹にそのままつける：

　　　잡고 (つかんで)
　　　잡죠 (つかむでしょう)

第Ⅱグループの語尾のつけ方

　第Ⅱグループの語尾のつけ方は，用言の辞書形の-다の直前，つまり語幹が子音である子音語幹なのか，それとも母音である母音語幹なのかによって異なる：

　　　잡다 (つかむ)　　　子音語幹の用言
　　　보다 (見る)　　　　母音語幹の用言

　子音語幹の用言の場合は，-다を除いた形に-으-をつけてから語尾をつける．母音語幹の場合は，다を除いた形にそのまま語尾をつける：

　　　잡다 (つかむ)：잡으면 (つかめば)，잡으면서 (つかみながら)
　　　보다 (見る)：보면 (見れば)，보면서 (見ながら)

第Ⅲグループの語尾のつけ方

　第Ⅲグループの語尾のつけ方は，用言の辞書形の다の直前の母音がㅏまたはㅗであるか，それともそれ以外の母音であるかによって異なる．다の直前の母音がㅏ，ㅗの場合は，다を除いた形に아をつけてから語尾をつける．다の直前の母音がㅏ，ㅗ以外の場合は다を除いた形に어をつけてから語尾をつけ

る.

다の直前の母音が ト, ㅗ の用言	다の前の母音が ト, ㅗ 以外の用言
잡다 (つかむ), 보다 (見る)	먹다 (食べる), 주다 (あげる), 만들다 (つくる), 보내다 (送る)
다を除いた形에 아をつけてから語尾をつける	다を除いた形에 어をつけてから語尾をつける
잡아요 (つかみます) 잡아서 (つかむので) 보아요 (見ます) → 봐요 보아서 (見るので) → 봐서	먹어요 (食べます), 먹어서 (食べるので) 주어요 (あげます) → 줘요 주어서 (あげるので) → 줘서 만들어요 (作ります) 만들어서 (作って) 보내어요 (送ります) → 보내요 보내어서 (送るので) → 보내서

● -다の直前が母音の用言は,第Ⅲグループの語尾をつける際に短縮する形がある

보다(見る)のタイプ:보아요(見ます)や보아서(見るので)は,話しことばでは봐요(見ます)や봐서(見るので)の短縮形が使われる.

주다(あげる)のタイプ：주어요(あげます)や주어서(あげるので)は，話しことばでは短縮形줘요(あげます)や줘서(あげるので)が使われる．

보내다(送る)のタイプ：보내어요(送ります)や보내어서(送るので)は，話しことばでは短縮形보내요(送ります)や보내서(送るので)が使われる．

● －다の直前がㅏ，ㅓ，ㅕの母音語幹の用言は第Ⅲグループの語尾をつける際に，母音を1つ除去する：

가다 (行く) → 가＋아 → 가 → 가요 (行きます)
서다 (立つ) → 서＋어 → 서 → 서요 (立ちます)
켜다 (ともす) → 켜＋어 → 켜 → 켜요 (ともします)

ただし，하다(する)は例外であり，第Ⅲグループの語尾をつける際に해요，해서のように해という形になる．

● －다の直前がㅣである母音語幹の用言は，第Ⅲグループの語尾をつける際に短縮した形になる：

다니다(通う)　　　다니＋어요　　→　다녀요(通います)
기다리다(待つ)　　기다리＋어요　→　기다려요(待ちます)

ただし，指定詞-이다，아니다は第Ⅲグループの語尾のうち-요をつける際は이에요，아니에요となり，-도をつけるときは-이라도，아니라도となる．

8

用言には特殊なパターンで活用をするものがある

特殊な活用をする用言の，次の7つの活用パターンを覚えよう．

● **ㄹ(リウル)活用**：-다の直前がㄹで終わるすべての用言は規則的に次の(2)のような活用の形をとる．

(1) 놀다(遊ぶ)．걸다(掛ける)．길다(長い)．달다(甘い)．들다(入る)．만들다(作る)．멀다(遠い)．불다(吹く)．살다(住む．暮らす．生きる)．알다(知る．わかる)．열다(開ける．開く)．울다(泣く．鳴く)．팔다(売る)などがある．

(2) 第Ⅰと第Ⅱグループの語尾のうち，n, s, p, 終声のlで始まるものをつける際，ㄹが脱落する．
nで始まる語尾：-네요．-는데．-는．-ㄴ．-니까

알다(知る) ⇒ 아 ⇒ 아네요(知っていますね)

sで始まる語尾：-십시오．-세요

알다 ⇒ 아 ⇒ 아세요(ご存知です)

pで始まる語尾：-ㅂ니다

알다 ⇒ 아 ⇒ 압니다(知っています)

終声のlで始まる語尾：-ㄹ

알다 ⇒ 아 ⇒ 알 겁니다 (知っているでしょう)

(3) n, s, p, 終声の l ではない音で始まる語尾をつける際は ㄹ が落ちないが, このときも第Ⅱグループの語尾をつける際に -으- が要らない.

알다(知る. わかる) ⇒ 알 ⇒ 알면 (知っていれば)

(알으면×)

★ -려고. -려면は初声の l で始まる語尾であるため, ㄹ が落ちない. そして, 第Ⅱグループのときに -으- が要らない.

알다 ⇒ 알 ⇒ 알려고 합니다 (知ろうとします)

● 르(ル)変格: -다の直前が르で終わる用言には, 第Ⅲグループの語尾をつける際に르がㄹㄹになるものがある. これらの用言を르変格という.

(1) 다르다(違う. 異なる). 모르다(知らない. わからない). 부르다 (歌う. (お腹が)いっぱいだ). 오르다(上る) などがある.

(2) 모르다(わからない) + -요(…します) ⇒ 몰라요

모르

↓　　르がㄹㄹになる : **変格の処理**

몰ㄹ

　　　　↓　　第Ⅲグループの語尾をつけるためにㅏをつける

몰라

　　　　↓　　語尾-요をつける

몰라요(わかりません)

● ㅂ(ピウプ)変格:-다の直前がㅂで終わる用言には，第Ⅱグループの語尾をつける際にㅂ+으が우になり，第Ⅲグループの語尾をつける際にㅂ+어が워になるものがある．これらの用言をㅂ変格という．

(1) 가깝다(近い)．귀엽다(かわいい)．덥다(暑い)．무겁다(重い)．맵다(辛い)．반갑다(嬉しい)．쉽다(易しい．簡単だ)．아름답다(美しい)．어렵다(難しい)．춥다(寒い)などがある．

(2) 춥다(寒い) + -(으)면(…します) ⇒ 추우면

춥

　　　　↓　　第Ⅱグループの語尾をつける際にㅂ+으が우となる

추우면(寒ければ)

(3) 춥다(寒い) + -요(…します) ⇒ 추워 + -요

춥

　　　　↓　　第Ⅲグループの語尾をつける際にㅂ+어は워となる

추워요(寒いです)

- **으(ウ)活用**：-다の直前が―で終わる用言には，第Ⅲグループの語尾をつける際に―がなくなり，ㅓをつけ，または바쁘다(忙しい)のような3音節の場合は脱落した―の1つ前の母音によってㅏかㅓをつけるものがある．これらの用言を으活用の用言という．

(1) 고프다(空腹だ)．기쁘다(嬉しい)．나쁘다(悪い)．
   바쁘다(忙しい)．슬프다(悲しい)．쓰다(書く．使う)．
   아프다(痛い)．예쁘다(きれいだ)などがある．

(2) 쓰다(書く)＋-요(…します) ⇒ 써 ＋-요

   쓰

   ↓　―がなくなる：으活用の処理

   ㅆ

   ↓　第Ⅲグループの語尾をつけるためにㅓをつける

   써

   ↓　語尾-요をつける

   써요(書きます)

(3) 바쁘다(忙しい) + -요(…します) ⇒ 바빠 + -요

바쁘

↓　ー가 없어진다 : 으活用の処理

바ㅃ

↓　쁘の前の母音が ㅏなので，第Ⅲの語尾をつけるため
↓　には ㅏをつける

바빠

↓　語尾 -요をつける

바빠요(忙しいです)

● ㄷ(ティグッ)変格 : -다の直前がㄷで終わる用言には，第Ⅱグループ，第Ⅲグループの語尾をつける際に，ㄷが ㄹになるものがある．これらの用言をㄷ変格という．

(1) 걷다(歩く)．듣다(聞く)．알아듣다(聞き取る)．묻다(尋ねる) などがある．

(2) 듣다(聞く) + -면(…すれば) ⇒ 들으 + -면

듣

↓　ㄷがㄹになる : 変格の処理

들

↓　第Ⅱグループの語尾をつけるために으をつける

들으

　　↓　語尾-면をつける

들으면(聞けば)

(3) 듣다(聞く) + -요(…します) ⇒ 들어 + -요

듣

　　↓　ㄷがㄹになる：変格の処理

들

　　↓　第Ⅲグループの語尾をつけるために어をつける

들어

　　↓　語尾-요をつける

들어요(聞きます)

● **ㅎ(ヒウッ)変格**：-다の直前がㅎで終わる用言には，第Ⅱグループの語尾をつける際にㅎがなくなり，第Ⅲグループの語尾をつける際には，ㅎがなくなる上に母音が変わるものがある．これらの用言をㅎ変格という．

(1) 이렇다(こうだ), 그렇다(そうだ), 저렇다(ああだ), 어떻다(どうだ)などがこのタイプに入る. なお좋다(良い)はこれに入らない.

(2) 그렇다(そうだ) + -요(…します) ⇒ 그래 + -요

    그렇

      ↓   ㅎがなくなる：**変格の処理その1**

    그러

      ↓   第Ⅲグループの語尾をつけるためにㅓがㅐに代わる
      ↓   ：**変格の処理その2**

    그래

      ↓   語尾-요をつける

    그래요(そうです)

(3) 빨갛다(赤い) + -요(…します) ⇒ 빨개 + -요

    빨갛

      ↓   ㅎがなくなる：**変格の処理その1**

    빨가

      ↓   第Ⅲの語尾をつけるために母音がㅐとなる：
      ↓   **変格の処理その2**

    빨개

      ↓   語尾-요をつける

    빨개요(赤いです)

(4) 하얗다(白い) +-요(…します)の場合のみ

    하얗

       ↓   ㅎがなくなる:変格の処理その1

    하야

       ↓   第Ⅲの語尾をつけるために母音がㅐとなる:
       ↓   変格の処理その2

    하애

       ↓   語尾-요をつける

    하애요(白いです)

★ 빨갛다(赤い)など, 色を表す形容詞 (3), (4) はこのタイプに入る.

● **ㅅ(シオッ)変格**:-다の直前がㅅで終わる用言には, 第Ⅱグループ, 第Ⅲグループの語尾をつける際にㅅがなくなるものがある. これらの用言をㅅ変格という.

(1) 젓다(かき混ぜる). 짓다(作る). 잇다(つなぐ). 낫다(治る)などがある.

(2) 낫다(治る) + -면(…すれば) ⇒ 나으 + -면

    낫

↓　ㅅがなくなる：変格の処理

나

　　↓　第Ⅱグループの語尾をつけるために으をつける

나으

　　↓　語尾-면をつける

나으면(治れば)

(3) 낫다(治る) + -요(…します) ⇒ 나아 + -요

낫

　　↓　ㅅがなくなる：変格の処理

나

　　↓　第Ⅲグループの語尾をつけるために아をつける

나아

　　↓　語尾-요をつける

나아요(治ります)

가다　行く

[kada カダ]　Ⅰ Ⅱ Ⅲ 가-

● 「납득이 가다」(納得が行く), 「이해가 가다」(理解できる)のようにも用いる. 「旅行に行く」は「여행을 가다」. 「出張に行く」は「출장을 가다」. 「留学に行く」は「유학을 가다」.

가겠습니다 行きます	가겠어요 行きます	갑니다 行きます
가죠? 行くでしょう？	가네요 行きますね	가십니다 お行きになります
가고 行くし	가는데 行くけど	갈까요? 行きましょうか？
가지 않습니다 行きません	가지 않아요 行きません	가면 行けば
가지 마십시오 行かないでください	가지 마세요 行かないでください	가면서 行きながら
가고 있습니다 行きつつあります	가고 있어요 行きつつあります	갈 겁니다 行くでしょう
가고 싶습니다 行きたいです	가고 싶어요 行きたいです	갈 수 있습니다 行くことができます
가는 것 같습니다 行くようです	가는 것 같아요 行くようです	갈 것 같습니다 行きそうです
가기 전에 行く前に	가게 行くように	가려고 합니다 行こうと思っています
가는 (사람) 行く(人)	가지 않는 (사람) 行かない(人)	간 것 같습니다 行ったようです
가지 않은 (사람) 行かなかった(人)	가지 않을 (사람) 行かない(人)	간 (사람) 行った(人)

- 어디 가세요?　どちらへお出かけですか？
   (出会った時のあいさつとしても用いる)
- 주말엔 등산을 가는데 주로 근처 산으로 많이 가요.
   週末には登山に行きますが, 主に近くの山へ行きます.
- 제가 회사에 가서 자료를 보고 다시 전화 드리겠습니다.
   私が会社に行って資料を見てお電話いたします.
- 이번주는 여행을 가거든요. 다음주는 어떠세요?
   今週は旅行に行くものですから. 来週はいかがでしょうか？

갑시다	가요	가서
行こう	行きます	行くので
가세요	갔습니다	갔어요
お行きになります	行きました	行きました
가십시오	가 주십시오	가 주세요
行ってください	行ってください	行ってください
가니까	가 드리겠습니다	가 드릴까요?
行くから	行ってさしあげます	行ってさしあげましょうか？
가려면	가 보십시오	가 보세요
行くためには	行ってみてください	行ってみてください
갈 거예요	가도 됩니다	가도 돼요
行くでしょう	行ってもいいです	行ってもいいです
갈 수 있어요	가야 합니다	가야 해요
行くことができます	行かなければなりません	行かなければなりません
갈 것 같아요	갔는데	갔을 (때)
行きそうです	行ったけど	行った(とき)
가려고 해요	—	—
行こうと思ってます		
간 것 같아요	가면 됩니다	가면 돼요
行ったようです	行けばいいです	行けばいいです
갈 (때)	간 적이 있습니다	간 적이 있어요
行く(とき)	行ったことがあります	行ったことがあります

가르치다　教える

[karutʃʰida カルチダ]　ⅠⅡ 가르치-, Ⅲ 가르쳐-

● 「가르쳐 주세요」は「教えてください」. 「가르쳐 드릴까요?」は「お教えしましょうか」.

가르치겠습니다 教えます	가르치겠어요 教えます	가르칩니다 教えます
가르치죠? 教えるでしょう?	가르치네요 教えますね	가르치십니다 お教えになります
가르치고 教えるし	가르치는데 教えるけど	가르칠까요? 教えましょうか?
가르치지 않습니다 教えません	가르치지 않아요 教えません	가르치면 教えれば
가르치지 마십시오 教えないでください	가르치지 마세요 教えないでください	가르치면서 教えながら
가르치고 있습니다 教えています	가르치고 있어요 教えています	가르칠 겁니다 教えるでしょう
가르치고 싶습니다 教えたいです	가르치고 싶어요 教えたいです	가르칠 수 있습니다 教えることができます
가르치는 것 같습니다 教えるようです	가르치는 것 같아요 教えるようです	가르칠 것 같습니다 教えそうです
가르치기 전에 教える前に	가르치게 教えるように	가르치려고 합니다 教えようと思っています
가르치는 (사람) 教える(人)	가르치지 않는 (사람) 教えない(人)	가르친 것 같습니다 教えたようです
가르치지 않은 (사람) 教えなかった(人)	가르치지 않을 (사람) 教えない(人)	가르친 (사람) 教えた(人)

- 요즘 한국어를 가르치고 있어요.
  最近韓国語を**教えています**.
- 이 발음은 어떻게 가르치면 될까요?
  この発音はどのように**教えればいいんでしょうか**？
- 그 학교에 가는 길 좀 가르쳐 주세요
  その学校に行く道をちょっと**教えてください**.
- 한국어 가르치는 거 어려워요?
  韓国語を**教えるのって**難しいですか？

가르칩시다 教えよう	가르쳐요 教えます	가르쳐서 教えるので
가르치세요 お教えになります	가르쳤습니다 教えました	가르쳤어요 教えました
가르치십시오 教えてください	가르쳐 주십시오 教えてください	가르쳐 주세요 教えてください
가르치니까 教えるから	가르쳐 드리겠습니다 教えてさしあげます	가르쳐 드릴까요? 教えてさしあげましょうか？
가르치려면 教えるためには	가르쳐 보십시오 教えてみてください	가르쳐 보세요 教えてみてください
가르칠 거예요 教えるでしょう	가르쳐도 됩니다 教えてもいいです	가르쳐도 돼요 教えてもいいです
가르칠 수 있어요 教えることができます	가르쳐야 합니다 教えなければなりません	가르쳐야 해요 教えなければなりません
가르칠 것 같아요 教えそうです	가르쳤는데 教えたけど	가르쳤을 (때) 教えた(とき)
가르치려고 해요 教えようと思っています	가르치러 갑니다 教えに行きます	가르치러 가요 教えに行きます
가르친 것 같아요 教えたようです	가르치면 됩니다 教えればいいです	가르치면 돼요 教えればいいです
가르칠 (때) 教える(とき)	가르친 적이 있습니다 教えたことがあります	가르친 적이 있어요 教えたことがあります

가지다   持つ. 所有する

[kadʒida カジダ] ⅠⅡ 가지-, Ⅲ 가져-

● 「持って行く」は「가지고 가다」,「持って来る」は「가지고 오다」,「持っている」は「가지고 있다」. 会話ではそれぞれ「가져가다」,「가져오다」,「갖고 있다」が多く用いられる. 들다「(手に)持つ」と区別(p.62).

가지겠습니다 持ちます	가지겠어요 持ちます	가집니다 持ちます
가지죠? 持つでしょう？	가지네요 持ちますね	가지십니다 お持ちになります
가지고 持つし	가지는데 持つけど	가질까요? 持ちましょうか？
가지지 않습니다 持ちません	가지지 않아요 持ちません	가지면 持てば
가지지 마십시오 持たないでください	가지지 마세요 持たないでください	가지면서 持ちながら
가지고 있습니다 持っています	가지고 있어요 持っています	가질 겁니다 持つでしょう
가지고 싶습니다 持ちたいです	가지고 싶어요 持ちたいです	가질 수 있습니다 持つことができます
가지는 것 같습니다 持つようです	가지는 것 같아요 持つようです	가질 것 같습니다 持ちそうです
가지기 전에 持つ前に	가지게 持つように	가지려고 합니다 持とうと思っています
가지는 (사람) 持つ(人)	가지지 않는 (사람) 持たない(人)	가진 것 같습니다 持ったようです
가지지 않은 (사람) 持たなかった(人)	가지지 않을 (사람) 持たない(人)	가진 (사람) 持った(人)

- 어, 비가 오네요. 우산 가져오셨어요?
  あれ, 雨ですね. 傘, **持って来てらっしゃいますか**?
- 혹시 한국 노래 시디 **갖고 계세요**?
  ひょっとして, 韓国の歌のCD **お持ちですか**?
- 이거 하나씩 **가져도 돼요**. 기념품입니다.
  これ, 一個ずつ**もらっていいですよ**.記念品です.
- 영수증하고 같이 **가져오시면** 옷을 바꿔 드려요.
  領収証をお持ちになっておいでいただければ, 服を交換いたします.

가집시다 持とう	가져요 持ちます	가져서 持つので
가지세요 お持ちになります	가졌습니다 持ちました	가졌어요 持ちました
가지십시오 持ってください	—	—
가지니까 持つから	—	—
가지려면 持つためには	가져 보십시오 持ってみてください	가져 보세요 持ってみてください
가질 거예요 持つでしょう	가져도 됩니다 持ってもいいです	가져도 돼요 持ってもいいです
가질 수 있어요 持つことができます	가져야 합니다 持たなければなりません	가져야 해요 持たなければなりません
가질 것 같아요 持ちそうです	가졌는데 持ったけど	가졌을 (때) 持った(とき)
가지려고 해요 持とうと思っています	가지러 갑니다 取りに行きます	가지러 가요 取りに行きます
가진 것 같아요 持ったようです	가지면 됩니다 持てばいいです	가지면 돼요 持てばいいです
가질 (때) 持つ(とき)	가진 적이 있습니다 持ったことがあります	가진 적이 있어요 持ったことがあります

걷다　歩く　【ㄷ変格】

[kɔːt̚ta コーッタ]　Ⅰ걷-, Ⅱ걸으-, Ⅲ걸어-

- 「歩いて…分」の「歩いて」は「걸어서」となる.
- 移動を表す動作は方向を表す가다/오다などをつけ,「걸어가다」(歩いて行く),「걸어오다」(歩いて来る)の形で用いられることが多い.

걷겠습니다 歩きます	걷겠어요 歩きます	걷습니다 歩きます
걷죠? 歩くでしょう？	걷네요 歩きますね	걸으십니다 お歩きになります
걷고 歩くし	걷는데 歩くけど	걸을까요? 歩きましょうか？
걷지 않습니다 歩きません	걷지 않아요 歩きません	걸으면 歩けば
걷지 마십시오 歩かないでください	걷지 마세요 歩かないでください	걸으면서 歩きながら
걷고 있습니다 歩いています	걷고 있어요 歩いています	걸을 겁니다 歩くでしょう
걷고 싶습니다 歩きたいです	걷고 싶어요 歩きたいです	걸을 수 있습니다 歩くことができます
걷는 것 같습니다 歩くようです	걷는 것 같아요 歩くようです	걸을 것 같습니다 歩きそうです
걷기 전에 歩く前に	걷게 歩くように	걸으려고 합니다 歩こうと思っています
걷는 (사람) 歩く (人)	걷지 않는 (사람) 歩かない (人)	걸은 것 같습니다 歩いたようです
걷지 않은 (사람) 歩かなかった (人)	걷지 않을 (사람) 歩かない (人)	걸은 (사람) 歩いた (人)

- 이 신발은 조금 **걸으면** 금방 발이 아파요.
  この靴は, 少し**歩くと**, すぐに足が痛くなるんです.
- 좀 **걷는** 것도 건강에 좋아요.
  少し**歩くのも**健康にいいですよ.
- 오늘 너무 많이 **걸어서** 피곤하죠?
  今日**歩きすぎて**, 疲れているでしょう?
- 집에서 역까지 **걸어서** 삼십분이나 걸려요.
  家から駅まで**歩いて** 30 分もかかるんですよ.

걸읍시다 歩こう	걸어요 歩きます	걸어서 歩くので
걸으세요 お歩きになります	걸었습니다 歩きました	걸었어요 歩きました
걸으십시오 歩いてください	걸어 주십시오 歩いてください	걸어 주세요 歩いてください
걸으니까 歩くから	─	─
걸으려면 歩くためには	걸어 보십시오 歩いてみてください	걸어 보세요 歩いてみてください
걸을 거예요 歩くでしょう	걸어도 됩니다 歩いてもいいです	걸어도 돼요 歩いてもいいです
걸을 수 있어요 歩くことができます	걸어야 합니다 歩かなければなりません	걸어야 해요 歩かなければなりません
걸을 것 같아요 歩きそうです	걸었는데 歩いたけど	걸었을 (때) 歩いた (とき)
걸으려고 해요 歩こうと思っています	─	─
걸은 것 같아요 歩いたようです	걸으면 됩니다 歩けばいいです	걸으면 돼요 歩けばいいです
걸을 (때) 歩く (とき)	걸은 적이 있습니다 歩いたことがあります	걸은 적이 있어요 歩いたことがあります

걸다　　掛ける　　【ㄹ活用】

[koːlda コールダ] Ⅰ Ⅱ 걸-/거, Ⅲ 걸어-

● 「그림을 벽에 걸다」(絵を壁に掛ける), 「전화를 걸다」(電話を掛ける), 「말을 걸다」(話をかける).「時間をかける」は「시간을 들이다」.「めがねをかける」は「안경을 쓰다」,「안경을 끼다」.

걸겠습니다 掛けます	걸겠어요 掛けます	겁니다 掛けます
걸죠? 掛けるでしょう?	거네요 掛けますね	거십니다 お掛けになります
걸고 掛けるし	거는데 掛けるけど	걸까요? 掛けましょうか?
걸지 않습니다 掛けません	걸지 않아요 掛けません	걸면 掛ければ
걸지 마십시오 掛けないでください	걸지 마세요 掛けないでください	걸면서 掛けながら
걸고 있습니다 掛けています	걸고 있어요 掛けています	걸 겁니다 掛けるでしょう
걸고 싶습니다 掛けたいです	걸고 싶어요 掛けたいです	걸 수 있습니다 掛けることがきでます
거는 것 같습니다 掛けているようです	거는 것 같아요 掛けているようです	걸 것 같습니다 掛けそうです
걸기 전에 掛ける前に	걸게 掛けるように	걸려고 합니다 掛けようと思っています
거는 (사람) 掛ける(人)	걸지 않는 (사람) 掛けない(人)	건 것 같습니다 掛けたようです
걸지 않은 (사람) 掛けなかった(人)	걸지 않을 (사람) 掛けない(人)	건 (사람) 掛けた(人)

● 이 그림은 어느 쪽 벽에 **거**는 게 좋을까요?
　　— 그쪽에 **걸면** 좀 어둡지 않아요?
　この絵はどちらの壁に掛けた方がいいでしょうか？
　　— そちらに**掛ける**,とちょっと暗くないですか？
● 옷을 벗으면 제발 좀 옷걸이에 **걸어** 주세요.
　服を脱いだら、お願いだからハンガーに**掛けてください**よ.
● 전화 잘못 **건 것 같아요**. 이 번호 맞아요?
　電話まちがって**掛けたみたいですね**. この番号合ってますか？

겁시다 掛けよう	걸어요 掛けます	걸어서 掛けるので
거세요 掛けてください	걸었습니다 掛けました	걸었어요 掛けました
거십시오 掛けてください	걸어 주십시오 掛けてください	걸어 주세요 掛けてください
거니까 掛けるから	걸어 드리겠습니다 掛けてさしあげます	걸어 드릴까요? 掛けてさしあげましょう?
걸려면 掛けるためには	걸어 보십시오 掛けてみてください	걸어 보세요 掛けてみてください
걸 거예요 掛けるでしょう	걸어도 됩니다 掛けてもいいです	걸어도 돼요 掛けてもいいです
걸 수 있어요 掛けることができます	걸어야 합니다 掛けなければなりません	걸어야 해요 掛けなければなりません
걸 것 같아요 掛けそうです	걸었는데 掛けたけど	걸었을 (때) 掛けた(とき)
걸려고 해요 掛けようと思っています	걸러 갑니다 掛けに行きます	걸러 가요 掛けに行きます
건 것 같아요 掛けたようです	걸면 됩니다 掛ければいいです	걸면 돼요 掛ければいいです
걸 (때) 掛ける(とき)	건 적이 있습니다 掛けたことがあります	건 적이 있어요 掛けたことがあります

걸리다

掛かる. ひっかかる

[kɔllida コルリダ]　ⅠⅡ걸리-, Ⅲ걸려-

- 「벽에 걸려 있다」는 「壁に掛かっている」, 「시간이 걸리다」는 「時間がかかる」, 「병에 걸리다」는 「病気にかかる」.
- 「お金がかかる」는 「돈이 들다」. 「霧がかかる」는 「안개가 끼다」.

걸리겠습니다 掛かりそうです	걸리겠어요 掛かりそうです	걸립니다 掛かります
걸리죠? 掛かるでしょう?	걸리네요 掛かりますね	걸리십니다 掛かられます
걸리고 掛かるし	걸리는데 掛かるけど	걸릴까요? 掛かるでしょうか?
걸리지 않습니다 掛かりません	걸리지 않아요 掛かりません	걸리면 掛かれば
―	―	걸리면서 掛かりながら
걸리고 있습니다 掛かりつつあります	걸리고 있어요 掛かりつつあります	걸릴 겁니다 掛かるでしょう
걸리고 싶습니다 かかりたいです	걸리고 싶어요 かかりたいです	걸릴 수 있습니다 掛かることもあり得ます
걸리는 것 같습니다 掛かるようです	걸리는 것 같아요 掛かるようです	걸릴 것 같습니다 掛かりそうです
걸리기 전에 掛かる前に	걸리게 掛かるように	걸리려고 합니다 掛かろうとします
걸리는 (시간) 掛かる(時間)	걸리지 않는 (시간) 掛からない(時間)	걸린 것 같습니다 掛かったようです
걸리지 않은 (시간) 掛からなかった(時間)	걸리지 않을 (시간) 掛からない(時間)	걸린 (시간) 掛かった(時間)

- 요즘 제가 감기에 **걸려서** 일이 많이 밀렸어요.
  最近私が風邪を引いていて，仕事がかなり溜まっています。
- 어디서 온 전화예요? — 잘못 **걸린** 전화예요.
  どこから掛かってきた電話ですか？— まちがい電話です。
- 이거 생각보다 시간이 꽤 **걸리네요**.
  これ, 思ったより時間がかなり**かかりますね**。
- 이거 완성하려면 아무래도 한 달 이상 **걸릴 것 같아요**.
  これ完成までどうやら一ヶ月以上**かかりそうです**。

—	걸려요 掛かります	걸려서 掛かるので
걸리세요 掛かられます	걸렸습니다 掛かりました	걸렸어요 掛かりました
—	—	—
걸리니까 掛かるから	—	—
—	—	—
걸릴 거예요 掛かるでしょう	걸려도 됩니다 掛かってもいいです	걸려도 돼요 掛かってもいいです
걸릴 수 있어요 掛かることもあり得ます	걸려야 합니다 掛からなければなりません	걸려야 해요 掛からなければなりません
걸릴 것 같아요 掛かりそうです	걸렸는데 掛かったけど	걸렸을 (때) 掛かった(とき)
걸리려고 해요 掛かろうとします	—	—
걸린 것 같아요 掛かったようです	걸리면 됩니다 掛かればいいです	걸리면 돼요 掛かればいいです
걸릴 (때) 掛かる(とき)	걸린 적이 있습니다 掛かったことがあります	걸린 적이 있어요 掛かったことがあります

계시다   居らっしゃる

[keːʃida ケーシダ] ⅠⅡ계시-, Ⅲ 계세-, 계셔-

- ●「いる」の尊敬形である.
- ●「Ⅰ-고 있다」(…している)の尊敬形も「Ⅰ-고 계시다」(…してらっしゃる)となる.

계시겠습니다 居らっしゃいそうです	계시겠어요 居らっしゃいそうです	계십니다 居らっしゃいます
계시죠? 居らっしゃるでしょう?	계시네요 居らっしゃいますね	―
계시고 居らっしゃるし	계시는데 居らっしゃるけど	계실까요? 居らっしゃるでしょうか?
계시지 않습니다 居らっしゃいません	계시지 않아요 居らっしゃいません	계시면 居らっしゃれば
계시지 마십시오 居らっしゃらないでください	계시지 마세요 居らっしゃらないでください	계시면서 居らっしゃいながら
―	―	계실 겁니다 居らっしゃるでしょう
―	―	계실 수 있습니다 居らっしゃることができます
계시는 것 같습니다 居らっしゃるようです	계시는 것 같아요 居らっしゃるようです	계실 것 같습니다 居らっしゃると思います
계시기 전에 居らっしゃる前に	계시게 居らっしゃるように	계시려고 합니다 居らっしゃろうとします
계시는 (분) 居らっしゃる(方)	계시지 않는 (분) 居らっしゃらない(方)	계신 것 같습니다 居らっしゃるようです
계시지 않은 (분) 居らっしゃらなかった(方)	계시지 않을 (분) 居らっしゃらない(方)	계신 (분) 居らっしゃった(方)

- 한국에는 얼마나 **계셨어요**? — 이 년쯤 있었어요.
  韓国にはどのぐらい**居らっしゃいましたか**？— 2年ほど居ました.
- 저번의 그 디브이디 아직 **갖고 계세요**?
  このあいだの, あの DVD まだ**お持ちですか**？
- 지금 어디 **계세요**? 제가 그쪽으로 가겠습니다.
  今どちらに**居らっしゃいますか**？こちらから伺います.
- 사장님은 내일 계속 회사에 **계실 거예요**.
  社長は, 明日ずっと会社に**居らっしゃると思います**.

—	계세요 居らっしゃいます	계셔서 居らっしゃるので
—	계셨습니다 居らっしゃいました	계셨어요 居らっしゃいました
계십시오 居らっしゃってください	계셔 주십시오 居らっしゃってください	계셔 주세요 居らっしゃってください
계시니까 居らっしゃるから	—	—
계시려면 居らっしゃるためには	계셔 보십시오 居らっしゃってみてください	계셔 보세요 居らっしゃってみてください
계실 거예요 居らっしゃるでしょう	계셔도 됩니다 居らっしゃってもいいです	계셔도 돼요 居らっしゃってもいいです
계실 수 있어요 居らっしゃることができます	계셔야 합니다 居らっしゃらなければなりません	계셔야 해요 居らっしゃらなければなりません
계실 것 같아요 居らっしゃると思います	계셨는데 居らっしゃったけど	계셨을 (때) 居らっしゃった(とき)
계시려고 해요 居らっしゃろうとします	—	—
계신 것 같아요 居らっしゃるようです	계시면 됩니다 居らっしゃればいいです	계시면 돼요 居らっしゃればいいです
계실 (때) 居らっしゃる(とき)	계신 적이 있습니다 居らっしゃったことがあります	계신 적이 있어요 居らっしゃったことがあります

기다리다 待つ

[kidarida キダリダ] ⅠⅡ 기다리-, Ⅲ 기다려-

● 引き止める際の呼びかけの「お待ちください」は 기다리세요 ではなく, 잠깐만요 というのが一般的.

기다리겠습니다 待ちます	기다리겠어요 待ちます	기다립니다 待ちます
기다리죠? 待つでしょう?	기다리네요 待ちますね	기다리십니다 お待ちになります
기다리고 待つし	기다리는데 待つけど	기다릴까요? 待ちましょうか?
기다리지 않습니다 待ちません	기다리지 않아요 待ちません	기다리면 待てば
기다리지 마십시오 待たないでください	기다리지 마세요 待たないでください	기다리면서 待ちながら
기다리고 있습니다 待っています	기다리고 있어요 待っています	기다릴 겁니다 待つでしょう
기다기고 싶습니다 待ちたいです	기다리고 싶어요 待ちたいです	기다릴 수 있습니다 待つことができます
기다리는 것 같습니다 待っているようです	기다리는 것 같아요 待っているようです	기다릴 것 같습니다 待っていそうです
기다리기 전에 待つ前に	기다리게 待つように	기다리려고 합니다 待とうと思っています
기다리는 (사람) 待つ (人)	기다리지 않는 (사람) 待たない (人)	기다린 것 같습니다 待ったようです
기다리지 않은 (사람) 待たなかった (人)	기다리지 않을 (사람) 待たない (人)	기다린 (사람) 待った (人)

- 여보세요? 김 과장님 계세요? — 잠깐만 **기다리세요**.
  もしもし, 金課長いらっしゃいますか？— 少し**お待ちください**.
- 그럼 연락 **기다리겠습니다**.
  それではご連絡**お待ちしております**.
- 많이 **기다리셨죠**? 죄송합니다.
  お待たせしました. すみません.
- 저 지금 친구가 **기다리고 있어서요**, 먼저 가겠습니다.
  私, 今友だちが**待っていますので**, お先に失礼いたします.

기다립시다 待とう	기다려요 待ちます	기다려서 待つので
기다리세요 お待ちになります	기다렸습니다 待ちました	기다렸어요 待ちました
기다리십시오 待ってください	기다려 주십시오 待ってください	기다려 주세요 待ってください
기다리니까 待つから	기다려 드리겠습니다 待ってさしあげます	기다려 드릴까요? 待ってさしあげましょうか?
기다리려면 待つためには	기다려 보십시오 待ってみてください	기다려 보세요 待ってみてください
기다릴 거예요 待つでしょう	기다려도 됩니다 待ってもいいです	기다려도 돼요 待ってもいいです
기다릴 수 있어요 待つことができます	기다려야 합니다 待たなければなりません	기다려야 해요 待たなければなりません
기다릴 것 같아요 待っていそうです	기다렸는데 待ったけど	기다렸을 (때) 待っていた(とき)
기다리려고 해요 待とうと思っています	―	―
기다린 것 같아요 待ったようです	기다리면 됩니다 待てばいいです	기다리면 돼요 待てばいいです
기다릴 (때) 待つ(とき)	기다린 적이 있습니다 待ったことがあります	기다린 적이 있어요 待ったことがあります

나다 出る

[nada ナダ] Ⅰ Ⅱ Ⅲ 나-

●「소리가 나다」(音がする).「생각(이) 나다」(思い出す).「사고가 나다」(事故が起きる).「화(가) 나다」(腹が立つ). 移動を表す「出る」は「나가다」(出て行く),「나오다」(出て来る)の形で使われる.

나겠습니다 出るでしょう	나겠어요 出るでしょう	납니다 出ます
나죠? 出るでしょう?	나네요 出ますね	나십니다 お出になります
나고 出るし	나는데 出るけど	날까요? 出ましょうか?
나지 않습니다 出ません	나지 않아요 出ません	나면 出れば
—	—	나면서 出ながら
나고 있습니다 出る最中です	나고 있어요 出る最中です	날 겁니다 出るでしょう
—	—	날 수 있습니다 出ることもあり得ます
나는 것 같습니다 出るようです	나는 것 같아요 出るようです	나는것 같습니다 出そうです
나기 전에 出る前に	나게 出るように	나려고 합니다 出ようとします
나는 (사람) 出る(人)	나지 않는 (사람) 出ない(人)	난 것 같습니다 出たようです
나지 않은 (사람) 出なかった(人)	나지 않을 (사람) 出ない(人)	난 (사람) 出た(人)

- 여기는 교통 사고가 잘 **나는** 곳이니까 조심하세요.
　　ここは交通事故がよく**起きる**ところだから, 気をつけてください.
- 지금 무슨 소리 안 **났어요**?
　　― 무슨 소리요? 아무 소리도 안 난 것 같은데.
　今, なんか音しませんでした？
　　― 何も音しなかったみたいですけど.
- 맛있는 냄새가 **나네요**. 뭐 만드세요?
　　おいしそうな匂いがしますね. 何を作ってらっしゃいますか？

―	나요 出ます	나서 出るので
나세요 お出になります	났습니다 出ました	났어요 出ました
나십시오 出てください	―	―
나니까 出るから	―	―
나려면 出るためには	나 보십시오 出てみてください	나 보세요 出てみてください
날 거예요 出るでしょう	나도 됩니다 出てもいいです	나도 돼요 出てもいいです
날 수 있어요 出ることもあり得ます	나야 합니다 出なければなりません	나야 해요 出なければなりません
날 것 같아요 出そうです	났는데 出たけど	났을 (때) 出た(とき)
나려고 해요 出ようとします	―	―
난 것 같아요 出たようです	나면 됩니다 出ればいいです	나면 돼요 出ればいいです
날 (때) 出る(とき)	난 적이 있습니다 出たことがあります	난 적이 있어요 出たことがあります

내다 出す. (お金を)払う

[ke:da ネーダ] Ⅰ Ⅱ Ⅲ 내-

- 「화(를) 내다」で「怒る」.「子どもを/部下を叱る」は야단치다.
- 「화(가) 나다」は「화(를) 내다」(怒る)の自動詞の形.「腹が立つ」に当たる.

내겠습니다 出します	내겠어요 出します	냅니다 出します
내죠? 出すでしょう？	내네요 出しますね	내십니다 お出しになります
내고 出すし	내는데 出すけど	낼까요? 出しましょうか？
내지 않습니다 出しません	내지 않아요 出しません	내면 出せば
내지 마십시오 出さないでください	내지 마세요 出さないでください	내면서 出しながら
내고 있습니다 出している最中です	내고 있어요 出している最中です	낼 겁니다 出すでしょう
내고 싶습니다 出したいです	내고 싶어요 出したいです	낼 수 있습니다 出すことができます
내는 것 같습니다 出すようです	내는 것 같아요 出すようです	낼 것 같습니다 出しそうです
내기 전에 出す前に	내게 出すように	내려고 합니다 出そうと思っています
내는 (사람) 出す (人)	내지 않는 (사람) 出さない (人)	낸 것 같습니다 出したようです
내지 않은 (사람) 出さなかった (人)	내지 않을 (사람) 出さない (人)	낸 (사람) 出した (人)

- 오늘 점심은 제가 **내겠습니다**.
  今日のお昼(代)は私が**出します**.
- 버스 요금은 탈 때 **내세요**.
  バスの料金は, 乗るとき**出してください**.
- 숙제는 오늘까지 **내야 해요**.
  宿題は今日まで**出さなければなりません**.
- 한국은 육십오 세 이상은 전철 요금을 **내지 않아요**.
  韓国は, 65才以上は地下鉄の料金を**払いません**.

냅시다 出そう	내요 出します	내서 出すので
내세요 お出しになります	냈습니다 出しました	냈어요 出しました
내십시오 出してください	내 주십시오 出してください	내 주세요 出してください
내니까 出すから	내 드리겠습니다 出してさしあげます	내 드릴까요? 出してさしあげましょうか?
내려면 出すためには	내 보십시오 出してみてください	내 보세요 出してみてください
낼 거예요 出すでしょう	내도 됩니다 出してもいいです	내도 돼요 出してもいいです
낼 수 있어요 出すことができます	내야 합니다 出さなければなりません	내야 해요 出さなければなりません
낼 것 같아요 出しそうです	냈는데 出したけど	냈을 (때) 出した(とき)
내려고 해요 出そうと思っています	내러 갑니다 出しに行きます	내러 가요 出しに行きます
낸 것 같아요 出したようです	내면 됩니다 出せばいいです	내면 돼요 出せばいいです
낼 (때) 出す(とき)	낸 적이 있습니다 出したことがあります	낸 적이 있어요 出したことがあります

내리다　　降りる. 降る. おろす

[kɛrida ネリダ]　ⅠⅡ 내리-, Ⅲ 내려-

● 「차를 내리다」는「車を降りる」.「차에서 내리다」는「車から降りる」.「비가 내리다」는「雨が降る」だが, 日常会話では「비가 오다」を多く用いる.「눈」(雪)も同様.「物価が/値段がさがる」は「물가가/값이 내리다」.

내리겠습니다 降ります	내리겠어요 降ります	내립니다 降ります
내리죠? 降りるでしょう?	내리네요 降りますね	내리십니다 お降りになります
내리고 降りるし	내리는데 降りるけど	내릴까요? 降りましょうか?
내리지 않습니다 降りません	내리지 않아요 降りません	내리면 降りれば
내리지 마십시오 降りないでください	내리지 마세요 降りないでください	내리면서 降りながら
내리고 있습니다 降りる最中です	내리고 있어요 降りる最中です	내릴 겁니다 降りるでしょう
내리고 싶습니다 降りたいです	내리고 싶어요 降りたいです	내릴 수 있습니다 降りることができます
내리는 것 같습니다 降りるようです	내리는 것 같아요 降りるようです	내릴 것 같습니다 降りそうです
내리기 전에 降りる前に	내리게 降りるように	내리려고 합니다 降りようと思っています
내리는 (사람) 降りる(人)	내리지 않는 (사람) 降りない(人)	내린 것 같습니다 降りたようです
내리지 않은 (사람) 降りなかった(人)	내리지 않을 (사람) 降りない(人)	내린 (사람) 降りた(人)

● 인사동에 가려면 어디서 **내려야 해요**?
　　　— 다음 다음 역에서 **내리시면 돼요**.
　仁寺洞(インサドン)へ行くにはどこで**降りればいいんですか**？
　　　— 次の次の駅で**降りればいいですよ**.
● 죄송하지만 짐 좀 **내려 주시겠어요**?
　　すみませんが, 荷物をちょっと**下ろしていただけますか**？
● 전철에 우산을 두고 **내린 것 같아요**.
　　電車の中に傘を置き忘れて**降りたようです**.

내립시다 降りよう	내려요 降ります	내려서 降りるので
내리세요 お降りになります	내렸습니다 降りました	내렸어요 降りました
내리십시오 降りてください	내려 주십시오 降りてください	내려 주세요 降りてください
내리니까 降りるから	내려 드리겠습니다 降ろしてさしあげます	내려 드릴까요? 降ろしてさしあげましょうか？
내리려면 降りるためには	내려 보십시오 降りてみてください	내려 보세요 降りてみてください
내릴 거예요 降りるでしょう	내려도 됩니다 降りてもいいです	내려도 돼요 降りてもいいです
내릴 수 있어요 降りることができます	내려야 합니다 降りなければなりません	내려야 해요 降りなければなりません
내릴 것 같아요 降りそうです	내렸는데 降りたけど	내렸을 (때) 降りた(とき)
내리려고 해요 降りようと思っています	―	―
내린 것 같아요 降りたようです	내리면 됩니다 降りればいいです	내리면 돼요 降りればいいです
내릴 (때) 降りる(とき)	내린 적이 있습니다 降りたことがあります	내린 적이 있어요 降りたことがあります

넣다　入れる

[nɔːtʰa ノータ]　Ⅰ넣-, Ⅱ넣으-, Ⅲ넣어-

- 「入れておく」は「넣어 두다」.
- 「手に入れる」は「손에 넣다」. 「ゴールを決める」は「골을 넣다」.

넣겠습니다 入れます	넣겠어요 入れます	넣습니다 入れます
넣죠? 入れるでしょう？	넣네요 入れますね	넣으십니다 お入れになります
넣고 入れるし	넣는데 入れるけど	넣을까요? 入れましょうか？
넣지 않습니다 入れません	넣지 않아요 入れません	넣으면 入れれば
넣지 마십시오 入れないでください	넣지 마세요 入れないでください	넣으면서 入れながら
넣고 있습니다 入れています	넣고 있어요 入れています	넣을 겁니다 入れるでしょう
넣고 싶습니다 入れたいです	넣고 싶어요 入れたいです	넣을 수 있습니다 入れることができます
넣는 것 같습니다 入れるようです	넣는 것 같아요 入れるようです	넣을 것 같습니다 入れそうです
넣기 전에 入れる前に	넣게 入れるように	넣으려고 합니다 入れようと思っています
넣는 (사람) 入れる(人)	넣지 않는 (사람) 入れない(人)	넣은 것 같습니다 入れたようです
넣지 않은 (사람) 入れなかった(人)	넣지 않을 (사람) 入れない(人)	넣은 (사람) 入れた(人)

● 커피에 설탕 **넣어** 드릴까요?
　　　— 네 한 스푼만 **넣어** 주시겠어요? 고마워요.
　コーヒーにお砂**糖入れましょうか**？
　　　— ええ, スプーン一杯だけ**入れてくれますか**？ありがとう.
● 카레 만들 때 마지막에 우유를 **넣으면** 맛있어요.
　カレーを作るときに最後に牛乳を**入れると**, おいしいですよ.
● 이것도 가방에 **넣을까요**? 들고 갈까요?
　これもカバン(の中)に**入れましょうか**？持って行きましょうか？

넣읍시다 入れよう	넣어요 入れます	넣어서 入れるので
넣으세요 お入れになります	넣었습니다 入れました	넣었어요 入れました
넣으십시오 入れてください	넣어 주십시오 入れてください	넣어 주세요 入れてください
넣으니까 入れるから	넣어 드리겠습니다 入れてさしあげます	넣어 드릴까요? 入れてさしあげましょうか？
넣으려면 入れるためには	넣어 보십시오 入れてみてください	넣어 보세요 入れてみてください
넣을 거예요 入れるでしょう	넣어도 됩니다 入れてもいいです	넣어도 돼요 入れてもいいです
넣을 수 있어요 入れることができます	넣어야 합니다 入れなければなりません	넣어야 해요 入れなければなりません
넣을 것 같아요 入れそうです	넣었는데 入れたけど	넣었을 (때) 入れた(とき)
넣으려고 해요 入れようと思っています	넣으러 갑니다 入れに行きます	넣으러 가요 入れに行きます
넣은 것 같아요 入れたようです	넣으면 됩니다 入れればいいです	넣으면 돼요 入れればいいです
넣을 (때) 入れる(とき)	넣은 적이 있습니다 入れたことがあります	넣은 적이 있어요 入れたことがあります

놀다

遊ぶ. 休む　　【ㄹ活用】

[ko:lda ノールダ]　ⅠⅡ 놀-/노-, Ⅲ 놀아-

● 「休みの日」は「쉬는 날」または「노는 날」．「祝日」の「休み」は 공휴일(公休日)．놀이터は子どもの遊び場．遊園地やテーマパークなどは놀이공원．遊園地のアトラクションは놀이기구．

놀겠습니다 遊びます	놀겠어요 遊びます	놉니다 遊びます
놀죠? 遊ぶでしょう？	노네요 遊びますね	노십니다 お遊びになります
놀고 遊ぶし	노는데 遊ぶけど	놀까요? 遊びましょうか？
놀지 않습니다 遊びません	놀지 않아요 遊びません	놀면 遊べば
놀지 마십시오 遊ばないでください	놀지 마세요 遊ばないでください	놀면서 遊びながら
놀고 있습니다 遊んでいます	놀고 있어요 遊んでいます	놀 겁니다 遊ぶでしょう
놀고 싶습니다 遊びたいです	놀고 싶어요 遊びたいです	놀 수 있습니다 遊ぶことができます
노는 것 같습니다 遊ぶようです	노는 것 같아요 遊ぶようです	놀 것 같습니다 遊びそうです
놀기 전에 遊ぶ前に	놀게 遊ぶように	놀려고 합니다 遊ぼうと思っています
노는 (사람) 遊ぶ(人)	놀지 않는 (사람) 遊ばない(人)	논 것 같습니다 遊んだようです
놀지 않은 (사람) 遊ばなかった(人)	놀지 않을 (사람) 遊ばない(人)	논 (사람) 遊んだ(人)

- 휴가 때 너무 **놀아서** 아직도 영 일할 기분이 안 나요.
  休暇のとき**遊びすぎて**, まだ全然仕事モードにならないですね.
- 다음주 월요일이 **노는** 날이니까 여행이라도 가려고요.
  来週の月曜日が**休みの**日だから, 旅行でも行こうと思いまして.
- 학교 다닐 때 한국에 **놀러** 간 적이 있어요.
  学生の頃, 韓国に**遊びに**行ったことがあります.
- 대학 땐 정말 많이 **놀았어요**. **논** 기억밖에 없어요.
  大学時代には本当に遊んでばかりでした. **遊んだ記憶しかない**ですね.

놉시다 遊ぼう	놀아요 遊びます	놀아서 遊ぶので
노세요 お遊びになります	놀았습니다 遊びました	놀았어요 遊びました
노십시오 遊んでください	놀아 주십시오 遊んでください	놀아 주세요 遊んでください
노니까 遊ぶから	놀아 드리겠습니다 遊んでさしあげます	놀아 드릴까요? 遊んであげましょうか?
놀려면 遊ぶためには	놀아 보십시오 遊んでみてください	놀아 보세요 遊んでみてください
놀 거예요 遊ぶでしょう	놀아도 됩니다 遊んでもいいです	놀아도 돼요 遊んでもいいです
놀 수 있어요 遊ぶことができます	놀아야 합니다 遊ばなければなりません	놀아야 해요 遊ばなければなりません
놀 것 같아요 遊びそうです	놀았는데 遊んだけど	놀았을 (때) 遊んだ(とき)
놀려고 해요 遊ぼうと思っています	놀러 갑니다 遊びに行きます	놀러 가요 遊びに行きます
논 것 같아요 遊んだようです	놀면 됩니다 遊べばいいです	놀면 돼요 遊べばいいです
놀 (때) 遊ぶ(とき)	논 적이 있습니다 遊んだことがあります	논 적이 있어요 遊んだことがあります

놓다　置く

[no^tʰa ノッタ]　Ⅰ 놓-, Ⅱ 놓으-, Ⅲ 놓아-/놔-

● 話しことばでは놓아は놔の形で用いることが多い.
● 「마음(을) 놓다」(安心する).「安心して…する」は「마음 놓고 …하다」.「安心できる」は「마음(이) 놓이다」.

놓겠습니다 置きます	놓겠어요 置きます	놓습니다 置きます
놓죠? 置くでしょう?	놓네요 置きますね	놓으십니다 お置きになります
놓고 置くし	놓는데 置くけど	놓을까요? 置きましょうか?
놓지 않습니다 置きません	놓지 않아요 置きません	놓으면 置けば
놓지 마십시오 置かないでください	놓지 마세요 置かないでください	놓으면서 置きながら
놓고 있습니다 置いています	놓고 있어요 置いています	놓을 겁니다 置くでしょう
놓고 싶습니다 置きたいです	놓고 싶어요 置きたいです	놓을 수 있습니다 置くことができます
놓는 것 같습니다 置くようです	놓는 것 같아요 置くようです	놓을 것 같습니다 置きそうです
놓기 전에 置く前に	놓게 置くように	놓으려고 합니다 置こうと思っています
놓는 (사람) 置く (人)	놓지 않는 (사람) 置かない (人)	놓은 것 같습니다 置いたようです
놓지 않은 (사람) 置かなかった (人)	놓지 않을 (사람) 置かない (人)	놓은 (사람) 置いた (人)

- 냉장고 어디에 **놓을까요**?
  　　— 이쪽 구석으로 **놔 주세요**.
  冷蔵庫はどこに**置きましょうか**？
  　　— こちらの隅の方に**置いてください**.
- 그 책은 거기 그냥 **놔 두세요**. 제가 가지러 가겠습니다.
  その本はそこにそのまま**置いておいてください**. 私が取りに行きます.
- 제가 아까 카피해 **놓은** 거 있으니까 가져 오겠습니다.
  私がさっきコピーして**おいた**のがあるので, 持って来ます.

놓읍시다 置こう	놓아요 置きます	놓아서 置くので
놓으세요 お置きになります	놓았습니다 置きました	놓았어요 置きました
놓으십시오 置いてください	놓아 주십시오 置いてください	놓아 주세요 置いてください
놓으니까 置くから	놓아 드리겠습니다 置いてさしあげます	놓아 드릴까요? 置いてさしあげましょうか?
놓으려면 置くためには	놓아 보십시오 置いてみてください	놓아 보세요 置いてみてください
놓을 거예요 置くでしょう	놓아도 됩니다 置いてもいいです	놓아도 돼요 置いてもいいです
놓을 수 있어요 置くことができます	놓아야 합니다 置かなければなりません	놓아야 해요 置かなければなりません
놓을 것 같아요 置きそうです	놓았는데 置いたけど	놓았을 (때) 置いた(とき)
놓으려고 해요 置こうと思っています	놓으러 갑니다 置きに行きます	놓으러 가요 置きに行きます
놓은 것 같아요 置いたようです	놓으면 됩니다 置けばいいです	놓으면 돼요 置けばいいです
놓을 (때) 置く(とき)	놓은 적이 있습니다 置いたことがあります	놓은 적이 있어요 置いたことがあります

늦다　①遅れる　②遅い（形容詞⇒p.179）

[nuᵗta ヌッタ]　Ⅰ 늦-, Ⅱ 늦으-, Ⅲ 늦어-

- 「…に遅れる」は「‐에 늦다」．「会議に遅れる」は「회의에 늦다」．「約束に遅れる」は「약속에 늦다」．
- 「시간이 늦었다」は「時間に遅れた」．

늦겠습니다 遅れそうです	늦겠어요 遅れそうです	늦습니다 遅れます
늦죠? 遅れるでしょう？	늦네요 遅れますね	늦으십니다 お遅れなります
늦고 遅れるし	늦는데 遅れるけど	늦을까요? 遅れるでしょうか？
늦지 않습니다 遅れません	늦지 않아요 遅れません	늦으면 遅れれば
늦지 마십시오 遅れないでください	늦지 마세요 遅れないでください	늦으면서 遅れながら
―	―	늦을 겁니다 遅れるでしょう
―	―	늦을 수 있습니다 遅れることもあり得ます
늦는 것 같습니다 遅れるようです	늦는 것 같아요 遅れるようです	늦을 것 같습니다 遅れそうです
늦기 전에 遅れる前に	늦게 遅れるように	―
늦는 (사람) 遅れる (人)	늦지 않는 (사람) 遅れない (人)	늦은 것 같습니다 遅れたようです
늦지 않은 (사람) 遅れなかった (人)	늦지 않을 (사람) 遅れない (人)	늦은 (사람) 遅れた (人)

- 늦어서 죄송합니다.
  遅れてすみません
- 늦겠어요. 빨리 하세요.
  遅れそうです. 早くしてください(急いでください).
- 죄송한데요 아무래도 한 삼십 분 늦을 것 같아요.
  すみませんが, どうやら30分ぐらい**遅れそうです**.
- 오늘 약속 일곱 시니까 늦으면 안 돼요.
  今日の約束は7時だから, **遅れてはいけませんよ**.

늦읍시다 遅れよう	늦어요 遅れます	늦어서 遅れるので
늦으세요 お遅れなります	늦었습니다 遅れました	늦었어요 遅れました
—	—	—
늦으니까 遅れるから	—	—
늦으려면 遅れるためには	늦어 보십시오 遅れてみてください	늦어 보세요 遅れてみてください
늦을 거예요 遅れるでしょう	늦어도 됩니다 遅れてもいいです	늦어도 돼요 遅れてもいいです
늦을 수 있어요 遅れることもあり得ます	늦어야 합니다 遅れなければなりません	늦어야 해요 遅れなければなりません
늦을 것 같아요 遅れそうです	늦었는데 遅れたけど	늦었을 (때) 遅れた(とき)
—	—	—
늦은 것 같아요 遅れたようです	늦으면 됩니다 遅れればいいです	늦으면 돼요 遅れればいいです
늦을 (때) 遅れる(とき)	늦은 적이 있습니다 遅れたことがあります	늦은 적이 있어요 遅れたことがあります

다니다   通う. 勤める

[tanida タニダ] ⅠⅡ 다니-, Ⅲ 다녀-

● 「학교에 다니다」(学校に通う).「회사에 다니다」(会社に勤める).「돌아 다니다」(ぶらぶらする).「걸어 다니다」(歩き回る).「다녀 가다」는「(一度)来て帰る」.「다녀 오다」는「行って(戻って)来る」.

다니겠습니다 通います	다니겠어요 通います	다닙니다 通います
다니죠? 通うでしょう？	다니네요 通いますね	다니십니다 通っていらっしゃいます
다니고 通うし	다니는데 通うけど	다닐까요? 通いましょうか？
다니지 않습니다 通いません	다니지 않아요 通いません	다니면 通えば
다니지 마십시오 通わないでください	다니지 마세요 通わないでください	다니면서 通いながら
다니고 있습니다 通っています	다니고 있어요 通っています	다닐 겁니다 通うでしょう
다니고 싶습니다 通いたいです	다니고 싶어요 通いたいです	다닐 수 있습니다 通うことができます
다니는 것 같습니다 通うようです	다니는 것 같아요 通うようです	다닐 것 같습니다 通いそうです
다니기 전에 通う前に	다니게 通うように	다니려고 합니다 通おうと思っています
다니는 (사람) 通う(人)	다니지 않는 (사람) 通わない(人)	다닌 것 같습니다 通ったようです
다니지 않은 (사람) 通わなかった(人)	다니지 않을 (사람) 通わない(人)	다닌 (사람) 通った(人)

- 지금 어디 다니세요?
  — 컴퓨터 회사에 다녀요.
  今どちらに**お勤め**ですか？
  — コンピュータ会社に**勤め**ています.
- 한국어 학원에 다니고 싶은데 어디 괜찮은 데 없을까요?
  韓国語の学校に**通いたいのですが**, どこかいいところないでしょうか？
- 부산 집에 잠깐 다니러 갔는데 예정보다 좀 오래 있었어요.
  プサンの家にちょっと**戻っていたのですが**, 予定より長くいました.

다닙시다 通おう	다녀요 通います	다녀서 通うので
다니세요 通っていらっしゃいます	다녔습니다 通いました	다녔어요 通いました
다니십시오 通ってください	다녀 주십시오 通ってください	다녀 주세요 通ってください
다니니까 通うから	다녀 드리겠습니다 通ってさしあげます	다녀 드릴까요? 通ってさしあげましょうか？
다니려면 通うためには	다녀 보십시오 通ってみてください	다녀 보세요 通ってみてください
다닐 거예요 通うでしょう	다녀도 됩니다 通ってもいいです	다녀도 돼요 通ってもいいです
다닐 수 있어요 通うことができます	다녀야 합니다 通わなければなりません	다녀야 해요 通わなければなりません
다닐 것 같아요 通いそうです	다녔는데 通ったけど	다녔을 (때) 通った(とき)
다니려고 해요 通おうと思っています	다니러 갑니다 もどって行きます	다니러 가요 もどって行きます
다닌 것 같아요 通ったようです	다니면 됩니다 通えばいいです	다니면 돼요 通えばいいです
다닐 (때) 通う(とき)	다닌 적이 있습니다 通ったことがあります	다닌 적이 있어요 通ったことがあります

닦다   磨く. 拭く

[ta^{k?}ta タㇰタ]しばしば[[?]ta^{k?}ta タㇰタ]　Ⅰ 닦-, Ⅱ 닦으-, Ⅲ 닦아-

● 「歯磨きをする」は「이(를) 닦다」または「양치(를) 하다」.
● 「땀(을) 닦다」は「汗をぬぐう」.「손(을) 닦다」は「手(を)拭く」. 「얼굴(을) 닦다」は「顔(を)拭く」.

닦겠습니다 磨きます	닦겠어요 磨きます	닦습니다 磨きます
닦죠? 磨くでしょう？	닦네요 磨きますね	닦으십니다 お磨きになります
닦고 磨くし	닦는데 磨くけど	닦을까요? 磨きましょうか？
닦지 않습니다 磨きません	닦지 않아요 磨きません	닦으면 磨けば
닦지 마십시오 磨かないでください	닦지 마세요 磨かないでください	닦으면서 磨きながら
닦고 있습니다 磨いています	닦고 있어요 磨いています	닦을 겁니다 磨くでしょう
닦고 싶습니다 磨きたいです	닦고 싶어요 磨きたいです	닦을 수 있습니다 磨くことができます
닦는 것 같습니다 磨くようです	닦는 것 같아요 磨くようです	닦을 것 같습니다 磨きそうです
닦기 전에 磨く前に	닦게 磨くように	닦으려고 합니다 磨こうと思っています
닦는 (사람) 磨く (人)	닦지 않는 (사람) 磨かない (人)	닦은 것 같습니다 磨いたようです
닦지 않은 (사람) 磨かなかった (人)	닦지 않을 (사람) 磨かない (人)	닦은 (사람) 磨いた (人)

- 오늘 대청손데 저는 거울이나 창문을 다 **닦아야 해요**.
  今日大掃除ですが, 私は鏡や窓などを**拭かなければなりません**.
- 매일 구두 **닦는** 게 별일 아닌데 참 귀찮아요.
  毎日靴を磨くのって, 大した事じゃないのに, 結構面倒ですね.
- 이거 깨끗이 **닦아서** 쓰면 아직 몇년 더 쓰겠는데요.
  これ, きれいに**拭いて**使えば, まだ何年か使えそうですよ.
- 책상 누가 **닦은** 것 같은데요. 깨끗해요.
  机, 誰かが**拭いたようですね**. きれいですよ.

닦읍시다	닦아요	닦아서
磨こう	磨きます	磨くので
닦으세요	닦았습니다	닦았어요
お磨きになります	磨きました	磨きました
닦으십시오	닦아 주십시오	닦아 주세요
磨いてください	磨いてください	磨いてください
닦으니까	닦아 드리겠습니다	닦아 드릴까요?
磨くから	磨いてさしあげます	磨いてさしあげましょうか?
닦으려면	닦아 보십시오	닦아 보세요
磨くためには	磨いてみてください	磨いてみてください
닦을 거예요	닦아도 됩니다	닦아도 돼요
磨くでしょう	磨いてもいいです	磨いてもいいです
닦을 수 있어요	닦아야 합니다	닦아야 해요
磨くことができます	磨かなければなりません	磨かなければなりません
닦을 것 같아요	닦았는데	닦았을 (때)
磨きそうです	磨いたけど	磨いた(とき)
닦으려고 해요	닦으러 갑니다	닦으러 가요
磨こうと思っています	磨きに行きます	磨きに行きます
닦은 것 같아요	닦으면 됩니다	닦으면 돼요
磨いたようです	磨けばいいです	磨けばいいです
닦을 (때)	닦은 적이 있습니다	닦은 적이 있어요
磨く(とき)	磨いたことがあります	磨いたことがあります

닫다

閉める. 閉じる

[taᵗ?ta タッタ]　Ⅰ 닫-, Ⅱ 닫으-, Ⅲ 닫아-

● 「문(을) 닫다」は「ドアを閉める」あるいは「店などを閉める」.「鍵を閉める」は「문(을) 잠그다」.

닫겠습니다 閉めます	닫셌어요 閉めます	닫습니다 閉めます
닫죠? 閉めるでしょう?	닫네요 閉めますね	닫으십니다 お閉めになります
닫고 閉めるし	닫는데 閉めるけど	닫을까요? 閉めましょうか?
닫지 않습니다 閉めません	닫지 않아요 閉めません	닫으면 閉めれば
닫지 마십시오 閉めないでください	닫지 마세요 閉めないでください	닫으면서 閉めながら
닫고 있습니다 閉めています	닫고 있어요 閉めています	닫을 겁니다 閉めるでしょう
닫고 싶습니다 閉めたいです	닫고 싶어요 閉めたいです	닫을 수 있습니다 閉めることができます
닫는 것 같습니다 閉めるようです	닫는 것 같아요 閉めるようです	닫을 것 같습니다 閉めそうです
닫기 전에 閉める前に	닫게 閉めるように	닫으려고 합니다 閉めようと思っています
닫는 (사람) 閉める (人)	닫지 않는 (사람) 閉めない (人)	닫은 것 같습니다 閉めたようです
닫지 않은 (사람) 閉めなかった (人)	닫지 않을 (사람) 閉めない (人)	닫은 (사람) 閉めた (人)

- 창문을 닫을까요? 좀 추운 것 같죠?
  窓を**閉めましょうか**？ ちょっと寒いみたいですよね？
- 그 집은 아홉 시면 문 **닫아요**.
  あの店は9時には閉まります.
- 그 병 뚜껑 **잘못 닫으면** 잘 안 열려요.
  そのビンのふた, **うまく閉めないと**, 開かなくなっちゃいます.
- 집 앞에 바로 큰 길이 있어서 창문을 거의 **닫고** 살아요.
  家の前にすぐ大通りがあるので, ほとんど窓を**閉めて**暮らしています.

닫읍시다 閉めよう	닫아요 閉めます	닫아서 閉めるので
닫으세요 お閉めになります	닫았습니다 閉めました	닫았어요 閉めました
닫으십시오 閉めてください	닫아 주십시오 閉めてください	닫아 주세요 閉めてください
닫으니까 閉めるから	닫아 드리겠습니다 閉めてさしあげます	닫아 드릴까요? 閉めてさしあげましょうか?
닫으려면 閉めるためには	닫아 보십시오 閉めてみてください	닫아 보세요 閉めてみてください
닫을 거예요 閉めるでしょう	닫아도 됩니다 閉めてもいいです	닫아도 돼요 閉めてもいいです
닫을 수 있어요 閉めることができます	닫아야 합니다 閉めなければなりません	닫아야 해요 閉めなければなりません
닫을 것 같아요 閉めそうです	닫았는데 閉めたけど	닫았을 (때) 閉めた(とき)
닫으려고 해요 閉めようと思います	닫으러 갑니다 閉めに行きます	닫으러 가요 閉めに行きます
닫은 것 같아요 閉めたようです	닫으면 됩니다 閉めればいいです	닫으면 돼요 閉めればいいです
닫을 (때) 閉める(とき)	닫은 적이 있습니다 閉めたことがあります	닫은 적이 있어요 閉めたことがあります

되다 　　なる．できあがる

[tweda トェダ]　ⅠⅡ 되-, Ⅲ 돼-/되어-

- 「…になる」は「-이/가 되다」．「心配になる」は「걱정(이) 되다」．「안심(이) 되다」は「安心できる」．
- 「잘 됐네요」は「(うまくいって)よかったですね」．

되겠습니다 なります	되겠어요 なります	됩니다 なります
되죠? なるでしょう?	되네요 なりますね	되십니다 なられます
되고 なるし	되는데 なるけど	될까요? なりましょうか?
되지 않습니다 なりません	되지 않아요 なりません	되면 なれば
되지 마십시오 ならないでください	되지 마세요 ならないでください	되면서 なりながら
되고 있습니다 なりつつあります	되고 있어요 なりつつあります	될 겁니다 なるでしょう
되고 싶습니다 なりたいです	되고 싶어요 なりたいです	될 수 있습니다 なることができます
되는 것 같습니다 なるようです	되는 것 같아요 なるようです	될 것 같습니다 なりそうです
되기 전에 なる前に	되게 なるように	되려고 합니다 なろうと思っています
되는 (사람) なる(人)	되지 않는 (사람) ならない(人)	된 것 같습니다 なったようです
되지 않은(사람) ならなかった(人)	되지 않을 (사람) ならない(人)	된 (사람) なった(人)

- 어렸을 때는 축구 선수가 되고 싶었어요.
  子どもの頃はサッカー選手になりたかったのです。
- 찌개는 다 됐는데 밥 하는 걸 잊었어요.
  チゲはできあがったのですが，ご飯炊くのを忘れていました。
- 카드 돼요? — 네.
  カード(クレジットカード)，使えますか？ — はい．
- 사진 찍어도 돼요? — 죄송합니다. 여긴 안 돼요.
  写真撮ってもいいですか？— すみません．ここはだめです．

됩시다 なろう	돼요 なります	돼서 なるので
되세요 なられます	됐습니다 なりました	됐어요 なりました
되십시오 なってください	돼 주십시오 なってください	돼 주세요 なってください
되니까 なるから	돼 드리겠습니다 なってさしあげます	돼 드릴까요? なってさしあげましょうか？
되려면 なるためには	돼 보십시오 なってみてください	돼 보세요 なってみてください
될 거예요 なるでしょう	돼도 됩니다 なってもいいです	돼도 돼요 なってもいいです
될 수 있어요 なることができます	돼야 합니다 ならなければなりません	돼야 해요 ならなければなりません
될 것 같아요 なりそうです	됐는데 なったけど	됐을 (때) なった(とき)
되려고 해요 なろうと思っています	—	—
된 것 같아요 なったようです	되면 됩니다 なればいいです	되면 돼요 なればいいです
될 (때) なる(とき)	된 적이 있습니다 なったことがあります	된 적이 있어요 なったことがあります

드리다　　差し上げる

[turida トゥリダ]　Ⅰ,Ⅱ 드리-, Ⅲ 드려-

● 「전화(를) 하다」(電話(を)する).「부탁(을) 하다」(お願い(を)する).「인사(를) 하다」(挨拶(を)する).「말(을) 하다」(話(を)する)などは 하다를 드리다에 代えると謙譲語になる.

드리겠습니다 差し上げます	드리겠어요 差し上げます	드립니다 差し上げます
드리죠? 差し上げるでしょう？	드리네요 差し上げますね	드리십니다 お差し上げになります
드리고 差し上げるし	드리는데 差し上げるけど	드릴까요? 差し上げましょうか？
드리지 않습니다 差し上げません	드리지 않아요 差し上げません	드리면 差し上げれば
드리지 마십시오 差し上げないでください	드리지 마세요 差し上げないでください	드리면서 差し上げながら
드리고 있습니다 差し上げています	드리고 있어요 差し上げています	드릴 겁니다 差し上げるでしょう
드리고 싶습니다 差し上げたいです	드리고 싶어요 差し上げたいです	드릴 수 있습니다 差し上げることができます
드리는 것 같습니다 差し上げるようです	드리는 것 같아요 差し上げるようです	드릴 것 같습니다 差し上げそうです
드리기 전에 差し上げる前に	드리게 差し上げるように	드리려고 합니다 差し上げようと思っています
드리는 (거) 差し上げる (もの)	드리지 않는 (거) 差し上げない (もの)	드린 것 같습니다 差し上げたようです
드리지 않은 (거) 差し上げなかった (もの)	드리지 않을 (거) 差し上げない (もの)	드린 (거) 差し上げた (もの)

- 가방 들어 드릴까요?
  かばん, お持ちしましょうか？.
- 저, 드릴 말씀이 있는데요. 지금 시간 있으세요?
  あの, お話があるんですが, 今お時間おありでしょうか？
- 지난주에 드린 자료 가지고 오셨어요?
  先週差し上げた資料, 持って来られましたか？
- 그 책은 아까 김 선생님께 드렸어요.
  あの本はさっき金先生に差し上げました.

드립시다	드려요	드려서
差し上げよう	差し上げます	差し上げるので
드리세요	드렸습니다	드렸어요
お差し上げになります	差し上げました	差し上げました
드리십시오	드려 주십시오	드려 주세요
差し上げてください	差し上げてください	差し上げてください
드리니까	—	—
差し上げるから		
드리려면	드려 보십시오	드려 보세요
差し上げるためには	差し上げてみてください	差し上げてみてください
드릴 거예요	드려도 됩니다	드려도 돼요
差し上げるでしょう	差し上げてもいいです	差し上げてもいいです
드릴 수 있어요	드려야 합니다	드려야 해요
差し上げることができます	差し上げなければなりません	差し上げなければなりません
드릴 것 같아요	드렸는데	드렸을 (때)
差し上げそうです	差し上げたけど	差し上げた(とき)
드리려고 해요	드리러 갑니다	드리러 가요
差し上げようと思っています	差し上げに行きます	差し上げに行きます
드린 것 같아요	드리면 됩니다	드리면 돼요
差し上げたようです	差し上げればいいです	差し上げればいいです
드릴 (때)	드린 적이 있습니다	드린 적이 있어요
差し上げる(とき)	差し上げたことがあります	差し上げたことがあります

드시다　　召し上がる

[tuʃida トゥシダ]　ⅠⅡ드-, Ⅲ 드셔-

● 「마시다」(飲む)や「먹다」(食べる)の尊敬形はいずれも「드시다」. 同じく尊敬語の「잡수시다」(召し上がる)よりも多用される.

드시겠습니다 召し上がりそうです	드시겠어요 召し上がりそうです	드십니다 召し上がります
드시죠? 召し上がるでしょう?	드시네요 召し上がりますね	—
드시고 召し上がるし	드시는데 召し上がるけど	드실까요? 召し上がるでしょうか?
드시지 않습니다 召し上がりません	드시지 않아요 召し上がりません	드시면 召し上がれば
드시지 마십시오 召し上がらないでください	드시지 마세요 召し上がらないでください	드시면서 召し上がりながら
드시고 계십니다 召し上がっていらっしゃいます	드시고 계세요 召し上がっていらっしゃいます	드실 겁니다 召し上がるでしょう
—	—	드실 수 있습니다 召し上がることができます
드시는 것 같습니다 召し上がるようです	드시는 것 같아요 召し上がるようです	드실 것 같습니다 召し上がりそうです
드시기 전에 召し上がる前に	드시게 召し上がるように	드시려고 합니다 召し上がろうとします
드시는 (분) 召し上がる(方)	드시지 않는 (분) 召し上がらない(人)	드신 것 같습니다 召し上がったようです
드시지 않은 (분) 召し上がらなかった(方)	드시지 않을 (분) 召し上がらない(方)	드신 (분) 召し上がった(方)

- 전 냉면 시켰는데 뭐 드시겠어요?
    私は冷麺を頼んだのですが, 何を**召し上がりますか**?
- 이것도 좀 드셔 보세요.
    これもちょっと**召し上がってみてください**.
- 차린 건 없지만 맛있게 많이 드세요.
    お粗末ですが, おいしく**召し上がってください**.
- 고기를 상추에 싸서 드시면 더 맛있어요.
    お肉をサンチュに包んで**召し上がると**, もっとおいしいです.

드십시다 いただきましょう	드세요 召し上がります	드셔서 召し上がるので
―	드셨습니다 召し上がりました	드셨어요 召し上がりました
드십시오 召し上がってください	드셔 주십시오 召し上がってください	드셔 주세요 召し上がってください
드시니까 召し上がるから	―	―
드시려면 召し上がるためには	드셔 보십시오 召し上がってみてください	드셔 보세요 召し上がってみてください
드실 거예요 召し上がるでしょう	드셔도 됩니다 召し上がってもいいです	드셔도 돼요 召し上がってもいいです
드실 수 있어요 召し上がることができます	드셔야 합니다 召し上がらなければなりません	드셔야 해요 召し上がらなければなりません
드실 것 같아요 召し上がりそうです	드셨는데 召し上がったけど	드셨을 (때) 召し上がった(とき)
드시려고 해요 召し上がろうとします	드시러 갑니다 召し上がりに行きます	드시러 가요 召し上がりに行きます
드신 것 같아요 召し上がったようです	드시면 됩니다 召し上がればいいです	드시면 돼요 召し上がればいいです
드실 (때) 召し上がる(とき)	드신 적이 있습니다 召し上がったことがあります	드신 적이 있어요 召し上がったことがあります

듣다　聴く. 聞く　【ㄷ変格】

[tuɾ̚ta トゥッタ]　Ⅰ 듣-, Ⅱ 들으-, Ⅲ 들어-

- 「말(을) 듣다」は「言うことを聞く」.
- 「機会や薬などがよく効く」場合にも用いる.「약이 잘 듣다」(薬がよく効く).「칼이 잘 듣다」(包丁がよく切れる).

듣겠습니다 聴きます	듣겠어요 聴きます	듣습니다 聴きます
듣죠? 聴くでしょう？	듣네요 聴きますね	들으십니다 お聴きになります
듣고 聴くし	듣는데 聴くけど	들을까요? 聴きましょうか？
듣지 않습니다 聴きません	듣지 않아요 聴きません	들으면 聴けば
듣지 마십시오 聴かないでください	듣지 마세요 聴かないでください	들으면서 聴きながら
듣고 있습니다 聴いています	듣고 있어요 聴いています	들을 겁니다 聴くでしょう
듣고 싶습니다 聴きたいです	듣고 싶어요 聴きたいです	들을 수 있습니다 聴くことができます
듣는 것 같습니다 聴くようです	듣는 것 같아요 聴くようです	들을 것 같습니다 聴きそうです
듣기 전에 聴く前に	듣게 聴くように	들으려고 합니다 聴こうと思っています
듣는 (사람) 聴く(人)	듣지 않는 (사람) 聴かない(人)	들은 것 같습니다 聴いたようです
듣지 않은 (사람) 聴かなかった(人)	듣지 않을 (사람) 聴かない(人)	들은 (사람) 聴いた(人)

- 이 노래를 **들으면** 언제나 힘이 나는 것 같아요.
  この歌を**聞くと**, いつも元気が出るような気がします.
- 유학한 선배 얘기를 **듣고** 생각을 많이 해 봤어요.
  留学した先輩の話を**聞いて**, いろいろ考えてみました.
- 올해는 무슨 수업 **들으세요**?
  　― 저는 이 수업만 **들어요**.
  今年はどんな授業に**出て**いらっしゃいますか？
  　― 私はこの授業だけ**取っています**.

들읍시다 聴こう	들어요 聴きます	들어서 聴くので
들으세요 お聴きになります	들었습니다 聴きました	들었어요 聴きました
들으십시오 聴いてください	들어 주십시오 聴いてください	들어 주세요 聴いてください
들으니까 聴くから	들어 드리겠습니다 聴いてさしあげます	들어 드릴까요? 聴いてさしあげましょうか？
들으려면 聴くためには	들어 보십시오 聴いてみてください	들어 보세요 聴いてみてください
들을 거예요 聴くでしょう	들어도 됩니다 聴いてもいいです	들어도 돼요 聴いてもいいです
들을 수 있어요 聴くことができません	들어야 합니다 聴かなければなりません	들어야 해요 聴かなければなりません
들을 것 같아요 聴きそうです	들었는데 聴いたけど	들었을 (때) 聴いた(とき)
들으려고 해요 聴こうと思っています	들으러 갑니다 聴きに行きます	들으러 가요 聴きに行きます
들은 것 같아요 聴いたようです	들으면 됩니다 聴けばいいです	들으면 돼요 聴けばいいです
들을 (때) 聴く(とき)	들은 적이 있습니다 聴いたことがあります	들은 적이 있어요 聴いたことがあります

들다　(手に)持つ　【ㄹ活用】

[tulda トゥルダ]　ⅠⅡ 들-/드-, Ⅲ 들어-

● 「頼みを聞いてあげる」は「부탁을 들어 주다」.「願いを聞いてあげる」は「소원을 들어 주다」.
● 「気に入る」は「마음에 들다」.「お金がかかる」は「돈이 들다」.

들겠습니다 持ちます	들겠어요 持ちます	듭니다 持ちます
들죠? 持つでしょう?	드네요 持ちますね	드십니다 お持ちになります
들고 持つし	드는데 持つけど	들까요? 持ちましょうか?
들지 않습니다 持ちません	들지 않아요 持ちません	들면 持てば
들지 마십시오 持たないでください	들지 마세요 持たないでください	들면서 持ちながら
들고 있습니다 持っています	들고 있어요 持っています	들 겁니다 持つでしょう
들고 싶습니다 持ちたいです	들고 싶어요 持ちたいです	들 수 있습니다 持つことができます
드는 것 같습니다 持つようです	드는 것 같아요 持つようです	들 것 같습니다 持ちそうです
들기 전에 持つ前に	들게 持つように	들려고 합니다 持とうと思っています
드는 (사람) 持つ(人)	들지 않는 (사람) 持たない(人)	든 것 같습니다 持ったようです
들지 않은 (사람) 持たなかった(人)	들지 않을 (사람) 持たない(人)	든 (사람) 持っている(人)

- 그건 무거우니까 같이 **들어요**.
  - それは重いから，一緒に**持ちましょう**.
- 마음에 **드는** 구두가 없어서 안 사고 그냥 왔어요.
  - 気に**入った**靴がなかったので，買わずにそのまま帰ってきました.
- 이 가방은 손에 **들어도** 좋고 어깨에 메도 괜찮아요.
  - このカバンは手に**持っても**いいし，肩にかけてもいいですよ.
- 정말 애들 교육비가 너무 많이 **들어요**.
  - 本当に，子どもたちの教育費がたくさん**かかります**.

듭시다 持とう	들어요 持ちます	들어서 持つので
드세요 お持ちになります	들었습니다 持ちました	들었어요 持ちました
드십시오 持ってください	들어 주십시오 持ってください	들어 주세요 持ってください
드니까 持つから	들어 드리겠습니다 持ってさしあげます	들어 드릴까요? 持ってさしあげましょうか?
들려면 持つためには	들어 보십시오 持ってみてください	들어 보세요 持ってみてください
들 거예요 持つでしょう	들어도 됩니다 持ってもいいです	들어도 돼요 持ってもいいです
들 수 있어요 持つことができます	들어야 합니다 持たなければなりません	들어야 해요 持たなければなりません
들 것 같아요 持ちそうです	들었는데 持ったけど	들었을 (때) 持った(とき)
들려고 해요 持とうと思っています	—	—
든 것 같아요 持ったようです	들면 됩니다 持てばいいです	들면 돼요 持てばいいです
들 (때) 持つ(とき)	든 적이 있습니다 持ったことがあります	든 적이 있어요 持ったことがあります

들리다　　聞こえる

[tuullida トゥルリダ]　ⅠⅡ 들리-, Ⅲ 들려-

- 「들려 주다」は「聞かせる. 聞かせてあげる. 聞かせてくれる」.
- 「-를/-을 들려 보내다」は「…を持たせて行かせる」.

들리겠습니다 聞こえるでしょう	들리겠어요 聞こえるでしょう	들립니다 聞こえます
들리죠? 聞こえるでしょう?	들리네요 聞こえますね	들리십니다 聞こえていらっしゃいます
들리고 聞こえるし	들리는데 聞こえるけど	들릴까요? 聞こえるでしょうか?
들리지 않습니다 聞こえません	들리지 않아요 聞こえません	들리면 聞こえれば
―	―	들리면서 聞こえながら
―	―	들릴 겁니다 聞こえるでしょう
―	―	들릴 수 있습니다 聞こえることもあり得ます
들리는 것 같습니다 聞こえるようです	들리는 것 같아요 聞こえるようです	들릴 것 같습니다 聞こえそうです
들리기 전에 聞こえる前に	들리게 聞こえるように	들리려고 합니다 聞こえようとします
들리는 (사람) 聞こえる (人)	들리지 않는 (사람) 聞こえない (人)	들린 것 같습니다 聞こえたようです
들리지 않은 (사람) 聞こえなかった (人)	―	들린 (사람) 聞こえた (人)

- 잘 안 들리거든요. 조금만 크게 말씀해 주시겠어요?
  よく**聞こえません**. 少し大きい声でおっしゃっていただけますか？
- 뒤에 계신 분 소리 잘 들리세요?
  後ろの方, 音がよく**聞こえますか**？
- 저녁엔 작은 소리도 옆방에 잘 들려요.
  夜は小さい音でも, 隣の部屋によく**聞こえます**.
- 전화가 아깐 잘 들렸는데 지금은 또 안 들려요.
  電話が, さっきはよく**聞こえたのに**, また聞こえなくなっています.

—	들려요 聞こえます	들려서 聞こえるので
들리세요 聞こえていらっしゃいます	들렸습니다 聞こえました	들렸어요 聞こえました
—	들려 주십시오 聞かせてください	들려 주세요 聞かせてください
들리니까 聞こえるから	들려 드리겠습니다 聞かせてさしあげます	들려 드릴까요? 聞かせてさしあげましょうか？
들리려면 聞こえるためには	—	—
들릴 거예요 聞こえるでしょう	들려도 됩니다 聞こえてもいいです	들려도 돼요 聞こえてもいいです
들릴 수 있어요 聞こえることもあり得ます	들려야 합니다 聞こえなければなりません	들려야 해요 聞こえなければなりません
들릴 것 같아요 聞こえそうです	들렸는데 聞こえたけど	들렸을 (때) 聞こえた(とき)
들리려고 해요 聞こえようとします	—	—
들린 것 같아요 聞こえたようです	들리면 됩니다 聞こえればいいです	들리면 돼요 聞こえればいいです
들릴 (때) 聞こえる(とき)	들린 적이 있습니다 聞こえたことがあります	들린 적이 있어요 聞こえたことがあります

떠나다　　離れる. 出発する

[ˀtɔnada　トナダ]　Ⅰ Ⅱ Ⅲ 떠나-

● 「…へ出発する」は「-(으)로 떠나다」.「서울로 떠나다」(ソウルへ出発する. 行ってしまう).「여행을 떠나다」は「旅行に出かける」.「마음이 떠나다」は「心が離れる」.

떠나겠습니다 離れます	떠나겠어요 離れます	떠납니다 離れます
떠나죠? 離れるでしょう？	떠나네요 離れますね	떠나십니다 お発ちになります
떠나고 離れるし	떠나는데 離れるけど	떠날까요? 離れましょうか？
떠나지 않습니다 離れません	떠나지 않아요 離れません	떠나면 離れれば
떠나지 마십시오 離れないでください	떠나지 마세요 離れないでください	떠나면서 離れながら
떠나고 있습니다 離れつつあります	떠나고 있어요 離れつつあります	떠날 겁니다 離れるでしょう
떠나고 싶습니다 離れたいです	떠나고 싶어요 離れたいです	떠날 수 있습니다 離れることができます
떠나는 것 같습니다 離れるようです	떠나는 것 같아요 離れるようです	떠날 것 같습니다 離れそうです
떠나기 전에 離れる前に	떠나게 離れるように	떠나려고 합니다 離れようと思っています
떠나는 (사람) 離れる (人)	떠나지 않는 (사람) 離れない (人)	떠난 것 같습니다 離れたようです
떠나지 않은 (사람) 離れなかった (人)	떠나지 않을 (사람) 離れない (人)	떠난 (사람) 離れた (人)

- 제가 역에 도착했을 때 열차가 막 **떠났어요**.
  私が駅に着いたときは，ちょうど列車が出発したところでした.
- 한국을 **떠나기** 전날에 친구들하고 밤새 놀았어요.
  韓国を離れる前の日は，友達と夜通しで遊びました.
- 비행기 타려면 여기서 세 시에는 **떠나야 해요**.
  飛行機に乗るためには，ここを3時には**出なければなりません**.
- 대학 때부터 집을 **떠나서** 계속 혼자 살았어요.
  大学の頃から，家を離れて，ずっと一人暮らしでした.

떠납시다	떠나요	떠나서
離れよう	離れます	離れるので
떠나세요	떠났습니다	떠났어요
お発ちになります	離れました	離れました
떠나십시오	떠나 주십시오	떠나 주세요
離れてください	離れてください	離れてください
떠나니까	떠나 드리겠습니다	떠나 드릴까요?
離れるから	離れてさしあげます	離れてさしあげましょうか？
떠나려면	떠나 보십시오	떠나 보세요
離れるためには	離れてみてください	離れてみてください
떠날 거예요	떠나도 됩니다	떠나도 돼요
離れるでしょう	離れてもいいです	離れてもいいです
떠날 수 있어요	떠나야 합니다	떠나야 해요
離れることができます	離れなければなりません	離れなければなりません
떠날 것 같아요	떠났는데	떠났을 (때)
離れそうです	離れたけど	離れた(とき)
떠나려고 해요	—	—
離れようと思っています		
떠난 것 같아요	떠나면 됩니다	떠나면 돼요
離れたようです	離れればいいです	離れればいいです
떠날 (때)	떠난 적이 있습니다	떠난 적이 있어요
離れる(とき)	離れたことがあります	離れたことがあります

마시다 　　飲む

[maʃida マシダ]　ⅠⅡ 마시-, Ⅲ 마셔-

● 「飲みに行く」の場合, 「술(을) 마시러 가다」のように「술(을)」(酒(を))をつけるのが普通.

마시겠습니다 飲みます	마시겠어요 飲みます	마십니다 飲みます
마시죠? 飲むでしょう?	마시네요 飲みますね	드십니다 お飲みになります
마시고 飲むし	마시는데 飲むけど	마실까요? 飲みましょうか?
마시지 않습니다 飲みません	마시지 않아요 飲みません	마시면 飲めば
마시지 마십시오 飲まないでください	마시지 마세요 飲まないでください	마시면서 飲みながら
마시고 있습니다 飲んでいます	마시고 있어요 飲んでいます	마실 겁니다 飲むでしょう
마시고 싶습니다 飲みたいです	마시고 싶어요 飲みたいです	마실 수 있습니다 飲むことができます
마시는 것 같습니다 飲むようです	마시는 것 같아요 飲むようです	마실 것 같습니다 飲みそうです
마시기 전에 飲む前に	마시게 飲むように	마시려고 합니다 飲もうと思っています
마시는 (사람) 飲む (人)	마시지 않는 (사람) 飲まない (人)	마신 것 같습니다 飲んだようです
마시지 않은 (사람) 飲まなかった (人)	마시지 않을 (사람) 飲まない (人)	마신 (사람) 飲んだ (人)

- 뭔가 따뜻한 게 **마시고 싶어요**.
  なんか暖かいものが**飲みたいです**.
- 한국에서는 주로 어떤 차를 **마셔요**?
  韓国では主にどんな茶を**飲みますか**？
- 어제 술을 너무 많이 **마신 것 같아요**.
  昨日, 飲みすぎたようです.
- 저는 술을 **마시면** 졸려서 많이 못 **마셔요**.
  私は, お酒を**飲むと**, 眠くなるのでたくさんは**飲めません**.

마십시다 飲もう	마셔요 飲みます	마셔서 飲むので
드세요 お飲みになります	마셨습니다 飲みました	마셨어요 飲みました
드십시오 飲んでください	드셔 주십시오 飲んでください	드셔 주세요 飲んでください
마시니까 飲むから	마셔 드리겠습니다 飲んでさしあげます	마셔 드릴까요? 飲んでさしあげましょうか？
마시려면 飲むためには	드셔 보십시오 飲んでみてください	드셔 보세요 飲んでみてください
마실 거예요 飲むでしょう	마셔도 됩니다 飲んでもいいです	마셔도 돼요 飲んでもいいです
마실 수 있어요 飲むことができます	마셔야 합니다 飲まなければなりません	마셔야 해요 飲まなければなりません
마실 것 같아요 飲みそうです	마셨는데 飲んだけど	마셨을 (때) 飲んだ(とき)
마시려고 해요 飲もうと思っています	마시러 갑니다 飲みに行きます	마시러 가요 飲みに行きます
마신 것 같아요 飲んだようです	마시면 됩니다 飲めばいいです	마시면 돼요 飲めばいいです
마실 (때) 飲む(とき)	마신 적이 있습니다 飲んだことがあります	마신 적이 있어요 飲んだことがあります

만나다　　会う

[mannada　マンナダ]　Ⅰ Ⅱ Ⅲ 만나-

● 「(人)に会う」とは言わず「(人)を会う」と言う. 例えば,「友だちに会う」は「친구를 만나다」となる.「(人)と会う」の言い方は可能である.「友だちと会う」は「친구하고/친구와/친구랑 만나다」となる.

만나겠습니다 会います	만나겠어요 会います	만납니다 会います
만나죠? 会うでしょう?	만나네요 会いますね	만나십니다 お会いになります
만나고 会うし	만나는데 会うけど	만날까요? 会いましょうか?
만나지 않습니다 会いません	만나지 않아요 会いません	만나면 会えば
만나지 마십시오 会わないでください	만나지 마세요 会わないでください	만나면서 会いながら
만나고 있습니다 会っています	만나고 있어요 会っています	만날 겁니다 会うでしょう
만나고 싶습니다 会いたいです	만나고 싶어요 会いたいです	만날 수 있습니다 会うことができます
만나는 것 같습니다 会うようです	만나는 것 같아요 会うようです	만날 것 같습니다 会いそうです
만나기 전에 会う前に	만나게 会うように	만나려고 합니다 会おうと思っています
만나는 (사람) 会う(人)	만나지 않는 (사람) 会わない(人)	만난 것 같습니다 会ったようです
만나지 않은 (사람) 会わなかった(人)	만나지 않을 (사람) 会わない(人)	만난 (사람) 会った(人)

- 오늘 명동에서 대학 동창을 **만나서** 같이 식사했어요.
  今日明洞(ミョンドン)で大学同窓生に**会って**, 一緒に食事しました.
- 몇 시쯤에 **만날까요**?
  何時ごろに**会いましょうか**？
- 이번 주는 **못 만날 것 같아요**. 출장을 가거든요.
  今週は**会えそうもありません**. 出張に行くんですよ.
- 언제 한번 다 같이 **만나고 싶은데** 어때요?
  いつか一回みんなで**会いたいんですが**, どうですか？

만납시다 会おう	만나요 会います	만나서 会うので
만나세요 お会いになります	만났습니다 会いました	만났어요 会いました
만나십시오 会ってください	만나 주십시오 会ってください	만나 주세요 会ってください
만나니까 会うから	만나 드리겠습니다 会ってさしあげます	만나 드릴까요? 会ってさしあげましょうか?
만나려면 会うためには	만나 보십시오 会ってみてください	만나 보세요 会ってみてください
만날 거예요 会うでしょう	만나도 됩니다 会ってもいいです	만나도 돼요 会ってもいいです
만날 수 있어요 会うことができます	만나야 합니다 会わなければなりません	만나야 해요 会わなければなりません
만날 것 같아요 会いそうです	만났는데 会ったけど	만났을 (때) 会った(とき)
만나려고 해요 会おうと思っています	만나러 갑니다 会いに行きます	만나러 가요 会いに行きます
만난 것 같아요 会ったようです	만나면 됩니다 会えばいいです	만나면 돼요 会えばいいです
만날 (때) 会う(とき)	만난 적이 있습니다 会ったことがあります	만난 적이 있어요 会ったことがあります

만들다　　作る　　【ㄹ活用】

[mandulda　マンドゥルダ]　ⅠⅡ 만들-/드-, Ⅲ 만들어-

● 「ご飯を炊く」は「밥을 짓다」または「밥을 하다」.「料理を作る」とは言わない.「요리를 하다」(料理をする)もしくは「음식을 만들다」(飲食を作る)と言う.

만들겠습니다 作ります	만들겠어요 作ります	만듭니다 作ります
만들죠? 作るでしょう？	만드네요 作りますね	만드십니다 お作りになります
만들고 作るし	만드는데 作るけど	만들까요? 作りましょうか？
만들지 않습니다 作りません	만들지 않아요 作りません	만들면 作れば
만들지 마십시오 作らないでください	만들지 마세요 作らないでください	만들면서 作りながら
만들고 있습니다 作っています	만들고 있어요 作っています	만들 겁니다 作るでしょう
만들고 싶습니다 作りたいです	만들고 싶어요 作りたいです	만들 수 있습니다 作ることができます
만드는 것 같습니다 作るようです	만드는 것 같아요 作るようです	만들 것 같습니다 作りそうです
만들기 전에 作る前に	만들게 作るように	만들려고 합니다 作ろうと思っています
만드는 (사람) 作る (人)	만들지 않는 (사람) 作らない (人)	만든 것 같습니다 作ったようです
만들지 않은 (사람) 作らなかった (人)	만들지 않을 (사람) 作らない (人)	만든 (사람) 作った (人)

● 김밥을 **만들었는데** 좀 싱거운 것 같아요.
　のり巻きを**作ったのですが**, ちょっと味が薄いようです.
● 평소엔 요리라기보다는 그냥 대충 **만들어** 먹어요.
　普段は, 料理というよりは, 適当に**作って**食べます.
● 케이크를 맛있게 **만드는** 방법 좀 없을까요?
　おいしいケーキの**作り方**ってないでしょうか？
● 이 지갑은 손으로 **만든** 거예요.
　この財布は手で**作った**ものです.

만듭시다 作ろう	만들어요 作ります	만들어서 作るので
만드세요 お作りになります	만들었습니다 作りました	만들었어요 作りました
만드십시오 作ってください	만들어 주십시오 作ってください	만들어 주세요 作ってください
만드니까 作るから	만들어 드리겠습니다 作ってさしあげます	만들어 드릴까요? 作ってさしあげましょう
만들려면 作るためには	만들어 보십시오 作ってみてください	만들어 보세요 作ってみてください
만들 거예요 作るでしょう	만들어도 됩니다 作ってもいいです	만들어도 돼요 作ってもいいです
만들 수 있어요 作ることができます	만들어야 합니다 作らなければなりません	만들어야 해요 作らなければなりません
만들 것 같아요 作りそうです	만들었는데 作ったけど	만들었을 (때) 作った (とき)
만들려고 해요 作ろうと思っています	만들러 갑니다 作りに行きます	만들러 가요 作りに行きます
만든 것 같아요 作ったようです	만들면 됩니다 作ればいいです	만들면 돼요 作ればいいです
만들 (때) 作る (とき)	만든 적이 있습니다 作ったことがあります	만든 적이 있어요 作ったことがあります

맞다　①合う．合っている．②(雨などに)遭う

[maᵗta マッタ]　Ⅰ 맞-, Ⅱ 맞으-, Ⅲ 맞아-

● 「注射を打たれる」は「주사를 맞다」．「雨に遭う」は「비를 맞다」．「雪に降られる」は「눈을 맞다」．他に「叩かれる」の意もある．

맞겠습니다 あうでしょう	맞겠어요 あうでしょう	맞습니다 あいます
맞죠? あうでしょう?	맞네요 あいますね	맞으십니다 あっていらっしゃいます
맞고 あうし	맞는데 あうけど	맞을까요? あうでしょうか?
맞지 않습니다 あいません	맞지 않아요 あいません	맞으면 あえば
맞지 마십시오 あわないでください	맞지 마세요 あわないでください	맞으면서 あいながら
맞고 있습니다 あっています	맞고 있어요 あっています	맞을 겁니다 あうでしょう
맞고 싶습니다 あいたいです	맞고 싶어요 あいたいです	맞을 수 있습니다 あうこともあり得ます
맞는 것 같습니다 あっているようです	맞는 것 같아요 あっているようです	맞을 것 같습니다 あいそうです
맞기 전에 あう前に	맞게 あうように	맞으려고 합니다 あおうと思っています
맞는 (사람) あう(人)	맞지 않는 (사람) あわない(人)	맞은 것 같습니다 あったようです
맞지 않은 (사람) あわなかった(人)	맞지 않을 (사람) あわない(人)	맞은 (사람) あった(人)

- 음식이 입에 **맞을** 지 모르겠는데 많이 드세요.
  料理がお口に**合う**かわかりませんが, たくさん召し上がってください.
- 마음이 **맞는** 친구가 있었는데 결혼해서 미국으로 갔어요.
  気の**合う**友達がいたけど, 結婚して, アメリカへ行ってしまいました.
- 그 책 제목은 "한국어 1"이 **맞아요**?
  あの本のタイトルは「**韓国語 1**」で, **合ってますか**？
- 커튼 색이 가구하고 참 잘 **맞네요**.
  カーテンの色が家具とよく**合いますね**.

맞읍시다 あおう	맞아요 あいます	맞아서 あうので
맞으세요 あっていらっしゃいます	맞았습니다 あいました	맞았어요 あいました
맞으십시오 あってください	맞아 주십시오 あってください	맞아 주세요 あってください
맞으니까 あうから	—	—
맞으려면 あうためには	맞아 보십시오 あってみてください	맞아 보세요 あってみてください
맞을 거예요 あうでしょう	맞아도 됩니다 あってもいいです	맞아도 돼요 あってもいいです
맞을 수 있어요 あうこともあり得ます	맞아야 합니다 あわなければなりません	맞아야 해요 あわなければなりません
맞을 것 같아요 あいそうです	맞았는데 あったけど	맞았을 (때) あった(とき)
맞으려고 해요 あおうと思っています	맞으러 갑니다 あいに行きます	맞으러 가요 あいに行きます
맞은 것 같아요 あったようです	맞으면 됩니다 あえばいいです	맞으면 돼요 あえばいいです
맞을 (때) あう(とき)	맞은 적이 있습니다 あったことがあります	맞은 적이 있어요 あったことがあります

먹다　食べる

[mɔkʔta モクタ]　Ⅰ 먹-, Ⅱ 먹으-, Ⅲ 먹어-

- 「(飲み物を)飲む」は마시다(飲む)とも言うが, 먹다とも言う.
- 「(薬を)飲む」は먹다と言う.
- 먹다の尊敬形は드시다.

먹겠습니다 食べます	먹겠어요 食べます	먹습니다 食べます
먹죠? 食べるでしょう?	먹네요 食べますね	드십니다 召し上がります
먹고 食べるし	먹는데 食べるけど	먹을까요? 食べましょうか?
먹지 않습니다 食べません	먹지 않아요 食べません	먹으면 食べれば
드시지 마십시오 召し上がらないでください	드시지 마세요 召し上がらないでください	먹으면서 食べながら
먹고 있습니다 食べています	먹고 있어요 食べています	먹을 겁니다 食べるでしょう
먹고 싶습니다 食べたいです	먹고 싶어요 食べたいです	먹을 수 있습니다 食べることができます
먹는 것 같습니다 食べるようです	먹는 것 같아요 食べるようです	먹을 것 같습니다 食べそうです
먹기 전에 食べる前に	먹게 食べるように	먹으려고 합니다 食べようと思っています
먹는 (사람) 食べる(人)	먹지 않는 (사람) 食べない(人)	먹은 것 같습니다 食べたようです
먹지 않은 (사람) 食べなかった(人)	먹지 않을 (사람) 食べない(人)	먹은 (사람) 食べた(人)

- 저녁은 밖에서 **먹고** 왔어요.
  夕飯は外で**食べて**来ました.
- 한국에서는 밥하고 국은 숟가락으로 **먹어요**.
  韓国では, ご飯とスープはスプーンで**食べます**.
- 약을 **먹었는데도** 감기가 영 안 나아요.
  薬を**飲んだけど**, 風邪は一向に治らないのです.
- 냉면을 아직 먹은 적이 없어요. **먹어 보고 싶어요**.
  冷麺をまだ**食べたことがありません**. **食べてみたいです**.

먹읍시다 食べよう	먹어요 食べます	먹어서 食べるので
드세요 召し上がります	먹었습니다 食べました	먹었어요 食べました
드십시오 召し上がってください	드셔 주십시오 召し上がってください	드셔 주세요 召し上がってください
먹으니까 食べるから	먹어 드리겠습니다 食べてさしあげます	먹어 드릴까요? 食べてさしあげましょうか?
먹으려면 食べるためには	드셔 보십시오 召し上がってみてください	드셔 보세요 召し上がってみてください
먹을 거예요 食べるでしょう	드셔도 됩니다 召し上がってもいいです	드셔도 돼요 召し上がってもいいです
먹을 수 있어요 食べることができます	먹어야 합니다 食べなければなりません	먹어야 해요 食べなければなりません
먹을 것 같아요 食べそうです	먹었는데 食べたけど	먹었을 (때) 食べた (とき)
먹으려고 해요 食べようと思っています	먹으러 갑니다 食べに行きます	먹으러 가요 食べに行きます
먹은 것 같아요 食べたようです	먹으면 됩니다 食べればいいです	먹으면 돼요 食べればいいです
먹을 (때) 食べる (とき)	먹은 적이 있습니다 食べたことがあります	먹은 적이 있어요 食べたことがあります

모르다   わからない. 知らない

[moruda モルダ] ⅠⅡ 모르-, Ⅲ 몰라-

- 日本語の「よくわかりません」は普通「잘 모르겠습니다」.
- 「勘違いして…する」は「모르고…하다」.「두 시 약속인데 모르고 한 시에 갔어요」(2時の約束を勘違いして1時に行きました)

모르겠습니다	모르겠어요	모릅니다
わかりません	わかりません	わかりません
모르죠?	모르네요	모르십니다
わからないでしょう？	わかってないんですね	おわかりになりません
모르고	모르는데	모를까요?
わからないし	わからないけど	わからないでしょうか？
모르지 않습니다	모르지 않아요	모르면
わからなくありません	わからなくありません	わからなければ
―	―	모르면서
		わからないくせに
모르고 있습니다	모르고 있어요	모를 겁니다
わかっていません	わかっていません	わからないでしょう
모르고 싶습니다	모르고 싶어요	모를 수 있습니다
わからないでいたいです	わからないでいたいです	わからないこともあり得ます
모르는 것 같습니다	모르는 것 같아요	모를 것 같습니다
わからないようです	わからないようです	わからないと思います
―	모르게	―
	わからないように	
모르는 (사람)	모르지 않는 (사람)	모른 것 같습니다
知らない (人)	わからなくない (人)	わからなかったようです
―	모르지 않을 (사람)	몰랐던 (사람)
	わからなくない (人)	わからなかった (人)

- 아직 **모르는** 게 많지만 잘 부탁드리겠습니다.
  まだ**わからない**ことが多いですが，よろしくお願いいたします．
- 일본에 오기 전까지는 일본에 대해서 전혀 **몰랐어요**.
  日本に来る前は，日本について全然**知りませんでした**．
- **모르고** 한 정거장 더 가서 내렸어요.
  勘違いして，一駅乗り過ごして，降りました．
- 죄송한데요, 이 부분이 잘 **모르겠**는데요.
  すみませんが，この部分がよく**わかりませんが**．

—	몰라요 わかりません	몰라서 わわらないので
모르세요 おわかりになりません	몰랐습니다 わかりませんでした	몰랐어요 わかりませんでした
—	—	—
모르니까 わからないから	—	—
—	—	—
모를 거예요 わからないでしょう	몰라도 됩니다 わからなくてもいいです	몰라도 돼요 わからなくてもいいです
모를 수 있어요 わからないこともあり得ます	몰라야 합니다 わからないべきです	몰라야 해요 わからないべきです
모를 것 같아요 わからないと思います	몰랐는데 わからなかったけど	몰랐을 (때) わからなかった(とき)
—	—	—
모른 것 같아요 わからなかったようです	모르면 됩니다 わからなければいいです	모르면 돼요 わからなければいいです
모를 (때) わからない(とき)	—	—

바꾸다   変える. 代える. 取り替える

[pa?kuda パックダ] ⅠⅡ 바꾸-, Ⅲ 바꿔-/바꾸어-

● 「…の代わりに」は「… 대신에」となる.「友達の代わりに」は「친구 대신에」.
● 「…にかえる」は「…(으)로 바꾸다」.

바꾸겠습니다 変えます	바꾸겠어요 変えます	바꿉니다 変えます
바꾸죠? 変えるでしょう?	바꾸네요 変えますね	바꾸십니다 変えられます
바꾸고 変えるし	바꾸는데 変えるけど	바꿀까요? 変えましょうか?
바꾸지 않습니다 変えません	바꾸지 않아요 変えません	바꾸면 変えれば
바꾸지 마십시오 変えないでください	바꾸지 마세요 変えないでください	바꾸면서 変えながら
바꾸고 있습니다 変えつつあります	바꾸고 있어요 変えつつあります	바꿀 겁니다 変えるでしょう
바꾸고 싶습니다 変えたいです	바꾸고 싶어요 変えたいです	바꿀 수 있습니다 変えることができます
바꾸는 것 같습니다 変えるようです	바꾸는 것 같아요 変えるようです	바꿀 것 같습니다 変えそうです
바꾸기 전에 変える前に	바꾸게 変えるように	바꾸려고 합니다 変えようと思っています
바꾸는 (사람) 変える (人)	바꾸지 않는 (사람) 変えない (人)	바꾼 것 같습니다 変えたようです
바꾸지 않은 (사람) 変えなかった (人)	바꾸지 않을 (사람) 変えない (人)	바꾼 (사람) 変えた (人)

- 여보세요? 네, 저 김 선생님 좀 **바꿔 주시겠습니까**?
  もしもし,あの,金先生に**代わって**いただけますでしょうか？
- 컴퓨터를 새 거로 **바꾸고** 싶어요.
  パソコンを買い**換えたい**んです.
- 디브이디를 다 보면 서로 **바꿔서** 볼까요?
  DVDを見終わったら, 互いに**交換して**見ましょうか？
- 오만엔인데요, 원으로 **바꿔 주세요**.
  五万円ですが, ウォンに**変えてください**.

바꿉시다	바꿔요	바꿔서
変えよう	変えます	変えるので
바꾸세요	바꿨습니다	바꿨어요
変えられます	変えました	変えました
바꾸십시오	바꿔 주십시오	바꿔 주세요
変えてください	変えてください	変えてください
바꾸니까	바꿔 드리겠습니다	바꿔 드릴까요?
変えるから	変えてさしあげます	変えてさしあげましょうか？
바꾸려면	바꿔 보십시오	바꿔 보세요
変えるためには	変えてみてください	変えてみてください
바꿀 거예요	바꿔도 됩니다	바꿔도 돼요
変えるでしょう	変えてもいいです	変えてもいいです
바꿀 수 있어요	바꿔야 합니다	바꿔야 해요
変えることができます	変えなければなりません	変えなければなりません
바꿀 것 같아요	바꿨는데	바꿨을 (때)
変えそうです	変えたけど	変えた(とき)
바꾸려고 해요	바꾸러 갑니다	바꾸러 가요
変えようと思っています	変えに行きます	変えに行きます
바꾼 것 같아요	바꾸면 됩니다	바꾸면 돼요
変えたようです	変えればいいです	変えればいいです
바꿀 (때)	바꾼 적이 있습니다	바꾼 적이 있어요
変える(とき)	変えたことがあります	変えたことがあります

받다　受け取る. もらう

[paᵗ²ta パッタ]　Ⅰ 받-, Ⅱ 받으-, Ⅲ 받아-

- 「전화(를) 받다」は「(電話に)出る」.
- 「賞をもらう」は「상(을) 받다」あるいは「상(을) 타다」.
- 「受け取り人」は「받는 사람」.

받겠습니다 受け取ります	받겠어요 受け取ります	받습니다 受け取ります
받죠? 受け取るでしょう?	받네요 受け取りますね	받으십니다 お受け取りになります
받고 受け取るし	받는데 受け取るけど	받을까요? 受け取りましょうか?
받지 않습니다 受け取りません	받지 않아요 受け取りません	받으면 受け取れば
받지 마십시오 受け取らないでください	받지 마세요 受け取らないでください	받으면서 受け取りながら
받고 있습니다 受け取りつつあります	받고 있어요 受け取りつつあります	받을 겁니다 受け取るでしょう
받고 싶습니다 受け取りたいです	받고 싶어요 受け取りたいです	받을 수 있습니다 受け取ることができます
받는 것 같습니다 受け取るようです	받는 것 같아요 受け取るようです	받을 것 같습니다 受け取りそうです
받기 전에 受け取る前に	받게 受け取るように	받으려고 합니다 受け取ろうと思っています
받는 (사람) 受け取る(人)	받지 않는 (사람) 受け取らない(人)	받은 것 같습니다 受け取ったようです
받지 않은 (사람) 受け取らなかった(人)	받지 않을 (사람) 受け取らない(人)	받은 (사람) 受け取った(人)

● 책을 보냈는데 **받으셨어요**?
　　本を送ったんですが, **受け取られましたか**？
● 오전엔 주로 회의라서 전화를 못 **받을** 때가 많아요.
　　午前中は主に会議なので, 電話に出られないときが多いんですよ.
● 오후에 저한테 물건이 오면 대신 좀 **받아** 주시겠어요?
　　午後, 私宛に荷物が届いたら, 代わりに**受け取っていただけますか**？
● 메일 잘 **받았습니다**.
　　メール, よく**受け取りました**.（メール, ありがとうございます）

받읍시다 受け取ろう	받아요 受け取ります	받아서 受け取るので
받으세요 お受け取りになります	받았습니다 受け取りました	받았어요 受け取りました
받으십시오 受け取ってください	받아 주십시오 受け取ってください	받아 주세요 受け取ってください
받으니까 受け取るから	받아 드리겠습니다 受け取ってさしあげます	받아 드릴까요? 受け取ってさしあげましょうか？
받으려면 受け取るためには	받아 보십시오 受け取ってみてください	받아 보세요 受け取ってみてください
받을 거예요 受け取るでしょう	받아도 됩니다 受け取ってもいいです	받아도 돼요 受け取ってもいいです
받을 수 있어요 受け取ることができます	받아야 합니다 受け取らなければなりません	받아야 해요 受け取らなければなりません
받을 것 같아요 受け取りそうです	받았는데 受け取ったけど	받았을 (때) 受け取った (とき)
받으려고 해요 受け取ろうと思っています	받으러 갑니다 受け取りに行きます	받으러 가요 受け取りに行きます
받은 것 같아요 受け取ったようです	받으면 됩니다 受け取ればいいです	받으면 돼요 受け取ればいいです
받을 (때) 受け取る (とき)	받은 적이 있습니다 受け取ったことがあります	받은 적이 있어요 受け取ったことがあります

배우다　　学ぶ. 習う

[pɛuda ペウダ]　ⅠⅡ 배우-, Ⅲ 배워-

● 「ことばを学ぶ」「ことばを覚える」は「말을 배우다」. 普通は,「배우다」と「외우다」(覚える)は区別され,「単語をおぼえる」「九九を覚える」のような場合は「외우다」を用いる.

배우겠습니다 学びます	배우겠어요 学びます	배웁니다 学びます
배우죠? 学ぶでしょう？	배우네요 学びますね	배우십니다 お学びになります
배우고 学ぶし	배우는데 学ぶけど	배울까요? 学びましょうか？
배우지 않습니다 学びません	배우지 않아요 学びません	배우면 学べば
배우지 마십시오 学ばないでください	배우지 마세요 学ばないでください	배우면서 学びながら
배우고 있습니다 学んでいます	배우고 있어요 学んでいます	배울 겁니다 学ぶでしょう
배우고 싶습니다 学びたいです	배우고 싶어요 学びたいです	배울 수 있습니다 学ぶことができます
배우는 것 같습니다 学ぶようです	배우는 것 같아요 学ぶようです	배울 것 같습니다 学びそうです
배우기 전에 学ぶ前に	배우게 学ぶように	배우려고 합니다 学ぼうと思っています
배우는 (사람) 学ぶ(人)	배우지 않는 (사람) 学ばない(人)	배운 것 같습니다 学んだようです
배우지 않은 (사람) 学ばなかった(人)	배우지 않을 (사람) 学ばない(人)	배운 (사람) 学んだ(人)

● 말을 빨리 **배우려면** 홈스테이가 좋지 않아요?
　　ことばを早く**覚えるためには**, ホームステイがよくありませんか?
● 한국어는 대학에서 제이외국어로 **배웠어요**.
　　韓国語は, 大学で第2外国語として**学びました**.
● 한국에서도 일본어를 **배우는** 사람이 많아요.
　　韓国でも, 日本語を**学んでいる**人がたくさんいます.
● 한국어 **배워서** 한국 드라마를 자막 없이 보고 싶어요.
　　韓国語を**学んで**, 韓国ドラマを字幕なしに見たいですね.

배웁시다 学ぼう	배워요 学びます	배워서 学ぶので
배우세요 お学びになります	배웠습니다 学びました	배웠어요 学びました
배우십시오 学んでください	배워 주십시오 学んでください	배워 주세요 学んでください
배우니까 学ぶから	─	─
배우려면 学ぶためには	배워 보십시오 学んでみてください	배워 보세요 学んでみてください
배울 거예요 学ぶでしょう	배워도 됩니다 学んでもいいです	배워도 돼요 学んでもいいです
배울 수 있어요 学ぶことができます	배워야 합니다 学ばなければなりません	배워야 해요 学ばなければなりません
배울 것 같아요 学びそうです	배웠는데 学んだけど	배웠을 (때) 学んだ(とき)
배우려고 해요 学ぼうと思っています	배우러 갑니다 学びに行きます	배우러 가요 学びに行きます
배운 것 같아요 学んだようです	배우면 됩니다 学べばいいです	배우면 돼요 学べばいいです
배울 (때) 学ぶ(とき)	배운 적이 있습니다 学んだことがあります	배운 적이 있어요 学んだことがあります

보내다   送る. 行かせる. 過ごす

[ponɛda ポネダ] I Ⅱ Ⅲ 보내-

● 「사람을 보내다」는 「人を行かせる」. 「심부름을 보내다」는 「使いに行かせる」. 「주말을 보내다」는 「週末を過ごす」. 「메일을 보내다」는 「메일을 보내다」. 「携帯でメールを送る」는 「문자(를) 보내다」.

보내겠습니다 送ります	보내겠어요 送ります	보냅니다 送ります
보내죠? 送るでしょう？	보내네요 送りますね	보내십니다 お送りになります
보내고 送るし	보내는데 送るけど	보낼까요? 送りましょうか？
보내지 않습니다 送りません	보내지 않아요 送りません	보내면 送れば
보내지 마십시오 送らないでください	보내지 마세요 送らないでください	보내면서 送りながら
보내고 있습니다 送っているところです	보내고 있어요 送っているところです	보낼 겁니다 送るでしょう
보내고 싶습니다 送りたいです	보내고 싶어요 送りたいです	보낼 수 있습니다 送ることができます
보내는 것 같습니다 送るようです	보내는 것 같아요 送るようです	보낼 것 같습니다 送りそうです
보내기 전에 送る前に	보내게 送るように	보내려고 합니다 送ろうと思っています
보내는 (사람) 送る (人)	보내지 않는 (사람) 送らない (人)	보낸 것 같습니다 送ったようです
보내지 않은 (사람) 送らなかった (人)	보내지 않을 (사람) 送らない (人)	보낸 (사람) 送った (人)

- 자세한 내용은 이메일로 **보내 드리겠습니다**.
  詳しい内容はメールで**お送りいたします**.
- 여름 방학이라서 애들을 할머니 댁에 **보냈어요**.
  夏休みなので, 子どもたちをおばあちゃんの家に**行かせました**.
- 핸드폰으로 문자를 **보냈**는데 답장이 안 와요.
  携帯でメールを**送った**のですが, 返事が来ません.
- 해외로 **보내**는 건 포장을 다시 해야 해요.
  海外へ**送る**のは, 包装をしなおさなければなりません.

보냅시다 送ろう	보내요 送ります	보내서 送るので
보내세요 お送りになります	보냈습니다 送りました	보냈어요 送りました
보내십시오 送ってください	보내 주십시오 送ってください	보내 주세요 送ってください
보내니까 送るから	보내 드리겠습니다 送ってさしあげます	보내 드릴까요? 送ってさしあげましょうか?
보내려면 送るためには	보내 보십시오 送ってみてください	보내 보세요 送ってみてください
보낼 거예요 送るでしょう	보내도 됩니다 送ってもいいです	보내도 돼요 送ってもいいです
보낼 수 있어요 送ることができます	보내야 합니다 送らなければなりません	보내야 해요 送らなければなりません
보낼 것 같아요 送りそうです	보냈는데 送ったけど	보냈을 (때) 送った(とき)
보내려고 해요 送ろうと思っています	보내러 갑니다 送りに行きます	보내러 가요 送りに行きます
보낸 것 같아요 送ったようです	보내면 됩니다 送ればいいです	보내면 돼요 送ればいいです
보낼 (때) 送る(とき)	보낸 적이 있습니다 送ったことがあります	보낸 적이 있어요 送ったことがあります

보다　　見る. 会う

[poda ポダ]　ⅠⅡ 보-, Ⅲ 봐-/보아-

● 「会いたい」は「만나고 싶다」または「보고 싶다」. 好きな人に恋しい気持ちで会いたいといった場合は, 特に「보고 싶다」が用いられる.

보겠습니다 見ます	보겠어요 見ます	봅니다 見ます
보죠? 見るでしょう？	보네요 見ますね	보십니다 ご覧になります
보고 見るし	보는데 見るけど	볼까요? 見ましょうか？
보지 않습니다 見ません	보지 않아요 見ません	보면 見れば
보지 마십시오 見ないでください	보지 마세요 見ないでください	보면서 見ながら
보고 있습니다 見ています	보고 있어요 見ています	볼 겁니다 見るでしょう
보고 싶습니다 見たいです	보고 싶어요 見たいです	볼 수 있습니다 見ることができます
보는 것 같습니다 見るようです	보는 것 같아요 見るようです	볼 것 같습니다 見そうです
보기 전에 見る前に	보게 見るように	보려고 합니다 見ようと思っています
보는 (사람) 見る (人)	보지 않는 (사람) 見ない (人)	본 것 같습니다 見たようです
보지 않은 (사람) 見なかった (人)	보지 않을 (사람) 見ない (人)	본 (사람) 見た (人)

- 뉴스는 주로 인터넷으로 **봐요**.
  ニュースは主にインターネットで見ます.
- 이 영화 지금까지 **본** 한국 영화 중에서 제일 좋았어요.
  この映画, 今まで見た韓国映画の中で一番よかったです.
- 한국 드라마를 너무 많이 **봐서** 수면부족이에요
  韓国ドラマを見すぎて, 睡眠不足です.
- 한국어로 작문을 했는데 좀 **봐** 주시겠습니까?
  韓国語で作文をしたんですが, ちょっと見ていただけますか？

봅시다 見よう	봐요 見ます	봐서 見るので
보세요 ご覧になります	봤습니다 見ました	봤어요 見ました
보십시오 見てください	봐 주십시오 見てください	봐 주세요 見てください
보니까 見るから	봐 드리겠습니다 見てさしあげます	봐 드릴까요? 見てさしあげましょうか？
보려면 見るためには	봐 보십시오 見てみてください	봐 보세요 見てみてください
볼 거예요 見るでしょう	봐도 됩니다 見てもいいです	봐도 돼요 見てもいいです
볼 수 있어요 見ることができます	봐야 합니다 見なければなりません	봐야 해요 見なければなりません
볼 것 같아요 見そうです	봤는데 見たけど	봤을 (때) 見た (とき)
보려고 해요 見ようと思っています	보러 갑니다 見に行きます	보러 가요 見に行きます
본 것 같아요 見たようです	보면 됩니다 見ればいいです	보면 돼요 見ればいいです
볼 (때) 見る (とき)	본 적이 있습니다 見たことがあります	본 적이 있어요 見たことがあります

보이다　　見える．見せる

[poida ポイダ] ⅠⅡ 보이-, Ⅲ 보여-

● 「…のように見える」は「Ⅲ 보이다」を用いる．「넓어 보이다」(広く見える)．「좋아 보이다」(よさそうに見える．元気そうだ)．「よく見える」は「잘 보이다」．

보이겠습니다 見えるでしょう	보이겠어요 見えるでしょう	보입니다 見えます
보이죠? 見えるでしょう?	보이네요 見えますね	보이십니다 お見せになります
보이고 見えるし	보이는데 見えるけど	보일까요? 見えるでしょうか
보이지 않습니다 見えません	보이지 않아요 見えません	보이면 見えれば
보이지 마십시오 見せないでください	보이지 마세요 見せないでください	보이면서 見えながら
보이고 있습니다 見せています	보이고 있어요 見せています	보일 겁니다 見えるでしょう
보이고 싶습니다 見せたいです	보이고 싶어요 見せたいです	보일 수 있습니다 見えることもあり得ます
보이는 것 같습니다 見えるようです	보이는 것 같아요 見えるようです	보일 것 같습니다 見えそうです
보이기 전에 見える前に	보이게 見えるように	보이려고 합니다 見せようと思っています
보이는 (사람) 見える(人)	보이지 않는 (사람) 見えない(人)	보인 것 같습니다 見えたようです
보이지 않은 (사람) 見えなかった(人)	보이지 않을 (사람) 見せない(人)	보인 (사람) 見えた(人)

- 뒤에 계신 분 글씨 **보이세요**?
  後ろの方, 字が**見えますか**？
- 어, 누구 사진이에요? 저도 **보여 주세요**.
  えっ, だれの写真ですか？私にも**見せてください**.
- 오늘 기분 좋아 **보이네요**. 무슨 좋은 일이라도 있어요?
  今日ご**機嫌**ですね. なにかいいことでもありましたか？
- 책상을 방 한가운데 놓으면 방이 좁아 **보일 것 같아요**.
  机を部屋の真ん中に置くと, 部屋が狭く**見えると思います**.

보입시다 見せよう	보여요 見えます	보여서 見えるので
보이세요 お見せになります	보였습니다 見えました	보였어요 見えました
보이십시오 見せてください	보여 주십시오 見せてください	보여 주세요 見せてください
보이니까 見えるから	보여 드리겠습니다 見せてさしあげます	보여 드릴까요? 見せてさしあげましょうか？
보이려면 見えるためには	보여 보십시오 見せてみてください	보여 보세요 見せてみてください
보일 거예요 見えるでしょう	보여도 됩니다 見えてもいいです	보여도 돼요 見えてもいいです
보일 수 있어요 見えることもあり得ます	보여야 합니다 見えなければなりません	보여야 해요 見えなければなりません
보일 것 같아요 見えそうです	보였는데 見えたけど	보였을 (때) 見えた (とき)
보이려고 해요 見せようと思っています	보이러 갑니다 見せに行きます	보이러 가요 見せに行きます
보인 것 같아요 見えたようです	보이면 됩니다 見えればいいです	보이면 돼요 見えればいいです
보일 (때) 見える (とき)	보인 적이 있습니다 見えたことがあります	보인 적이 있어요 見えたことがあります

부르다　歌う. 呼ぶ　【르変格】

[puruda プルダ] ⅠⅡ 부르-, Ⅲ 불러-

- 「歌う」は「부르다」だけではなく,「노래를 부르다」(歌を歌う)という.
- 「배(가) 부르다」は「たくさん食べてお腹がいっぱいだ」の他に「妊娠してお腹が大きい」という意味としても用いる.

부르겠습니다 歌います	부르겠어요 歌います	부릅니다 歌います
부르죠? 歌うでしょう？	부르네요 歌いますね	부르십니다 お歌いになります
부르고 歌うし	부르는데 歌うけど	부를까요? 歌いましょうか？
부르지 않습니다 歌いません	부르지 않아요 歌いません	부르면 歌えば
부르지 마십시오 歌わないでください	부르지 마세요 歌わないでください	부르면서 歌いながら
부르고 있습니다 歌っています	부르고 있어요 歌っています	부를 겁니다 歌うでしょう
부르고 싶습니다 歌いたいです	부르고 싶어요 歌いたいです	부를 수 있습니다 歌うことができます
부르는 것 같습니다 歌うようです	부르는 것 같아요 歌うようです	부를 것 같습니다 歌いそうです
부르기 전에 歌う前に	부르게 歌うように	부르려고 합니다 歌おうと思っています
부르는 (사람) 歌う (人)	부르지 않는 (사람) 歌わない (人)	부른 것 같습니다 歌ったようです
부르지 않은 (사람) 歌わなかった (人)	부르지 않을 (사람) 歌わない (人)	부른 (사람) 歌った (人)

- 게임에서 지는 사람은 노래를 **불러야 해요**.
  ゲームで負ける人は歌を**歌わなければなりません**.
- 저 **부르셨어요**?
  お呼びでしょうか？
- 어제 노래를 너무 많이 **불러서** 아직도 목이 아파요.
  昨日歌いすぎて, まだのどが痛いです.
- 한국사람 이름은 성에다 씨를 붙여 **부르면** 안 돼요.
  韓国人の名前は, 苗字に「さん」をつけて呼んではいけません.

부릅시다 歌おう	불러요 歌います	불러서 歌うので
부르세요 お歌いになります	불렀습니다 歌いました	불렀어요 歌いました
부르십시오 歌ってください	불러 주십시오 歌ってください	불러 주세요 歌ってください
부르니까 歌うから	불러 드리겠습니다 歌ってさしあげます	불러 드릴까요? 歌ってさしあげましょうか？
부르려면 歌うためには	불러 보십시오 歌ってみてください	불러 보세요 歌ってみてください
부를 거예요 歌うでしょう	불러도 됩니다 歌ってもいいです	불러도 돼요 歌ってもいいです
부를 수 있어요 歌うことができます	불러야 합니다 歌わなければなりません	불러야 해요 歌わなければなりません
부를 것 같아요 歌いそうです	불렀는데 歌ったけど	불렀을 (때) 歌った(とき)
부르려고 해요 歌おうと思っています	부르러 갑니다 歌いに行きます	부르러 가요 歌いに行きます
부른 것 같아요 歌ったようです	부르면 됩니다 歌えばいいです	부르면 돼요 歌えばいいです
부를 (사람) 歌う (人)	부른 적이 있습니다 歌ったことがあります	부른 적이 있어요 歌ったことがあります

부치다　　(手紙. 小包を)出す

[putʃʰida プチダ] ⅠⅡ 부치-, Ⅲ 부쳐-

● 「돈을 부치다」は「送金する」. 他に「송금(을) 하다」(送金(を)する)や「돈을 보내다」(お金を送る)とも言う.

부치겠습니다 出します	부치겠어요 出します	부칩니다 出します
부치죠? 出すでしょう？	부치네요 出しますね	부치십니다 お出しになります
부치고 出すし	부치는데 出すけど	부칠까요? 出しましょうか？
부치지 않습니다 出しません	부치지 않아요 出しません	부치면 出せば
부치지 마십시오 出さないでください	부치지 마세요 出さないでください	부치면서 出しながら
부치고 있습니다 出しています	부치고 있어요 出しています	부칠 겁니다 出すでしょう
부치고 싶습니다 出したいです	부치고 싶어요 出したいです	부칠 수 있습니다 出すことができます
부치는 것 같습니다 出すようです	부치는 것 같아요 出すようです	부칠 것 같습니다 出しそうです
부치기 전에 出す前に	부치게 出すように	부치려고 합니다 出そうと思っています
부치는 (사람) 出す (人)	부치지 않는 (사람) 出さない (人)	부친 것 같습니다 出したようです
부치지 않은 (사람) 出さなかった (人)	부치지 않을 (사람) 出さない (人)	부친 (사람) 出した (人)

- 이 소포, 일본으로 **부치고 싶은데** 어떻게 하면 돼요?
  この小包, 日本へ**送りたいのですが**, どうすればいいですか？
- 이건 급한 거니까 항공편으로 **부치죠**.
  これは急ぎのものだから, 航空便で**送りましょう**.
- 편지를 오늘 **부치면** 내일 도착할까요?
  手紙を今日**出したら**, 明日届くんでしょうか？
- 가방은 공항에서 택배로 **부쳤어요**.
  カバンは, 空港から宅配で**送りました**.

부칩시다 出そう	부쳐요 出します	부쳐서 出すので
부치세요 お出しになります	부쳤습니다 出しました	부쳤어요 出しました
부치십시오 出してください	부쳐 주십시오 出してください	부쳐 주세요 出してください
부치니까 出すから	부쳐 드리겠습니다 出しさしあげます	부쳐 드릴까요? 出してさしあげましょうか？
부치려면 出すためには	부쳐 보십시오 出してみてください	부쳐 보세요 出してみてください
부칠 거예요 出すでしょう	부쳐도 됩니다 出してもいいです	부쳐도 돼요 出してもいいです
부칠 수 있어요 出すことができます	부쳐야 합니다 出さなければなりません	부쳐야 해요 出さなければなりません
부칠 것 같아요 出しそうです	부쳤는데 出したけど	부쳤을 (때) 出した (とき)
부치려고 해요 出そうと思っています	부치러 갑니다 出しに行きます	부치러 가요 出しに行きます
부친 것 같아요 出したようです	부치면 됩니다 出せばいいです	부치면 돼요 出せばいいです
부칠 (사람) 出す (人)	부친 적이 있습니다 出したことがあります	부친 적이 있어요 出したことがあります

불다 　(風が. 笛を)**吹く**　【ㄹ活用】

[pu:lda プールダ] Ⅰ Ⅱ 불-/부-, Ⅲ 불어-

- 「風が吹く」は「바람이 불다」.「피리를 불다」は「笛を吹く」.「풍선을 불다」は「風船をふくらます」.
- 「유리창에 입김을 불다」は「窓ガラスに息を吹きかける」.

불겠습니다 吹くでしょう	불겠어요 吹くでしょう	붑니다 吹きます
불죠? 吹くでしょう？	부네요 吹きますね	부십니다 お吹きになります
불고 吹くし	부는데 吹くけど	불까요? 吹くでしょうか？
불지 않습니다 吹きません	불지 않아요 吹きません	불면 吹けば
불지 마십시오 吹かないでください	불지 마세요 吹かないでください	불면서 吹きながら
불고 있습니다 吹いています	불고 있어요 吹いています	불 겁니다 吹くでしょう
불고 싶습니다 吹きたいです	불고 싶어요 吹きたいです	불 수 있습니다 吹くことができます
부는 것 같습니다 吹くようです	부는 것 같아요 吹くようです	불 것 같습니다 吹きそうです
불기 전에 吹く前に	불게 吹くように	불려고 합니다 吹こうと思っています
부는 (날) 吹く (日)	불지 않는 (날) 吹かない (日)	분 것 같습니다 吹いたようです
불지 않은 (날) 吹かなかった (日)	불지 않을 (날) 吹かない (日)	분 (날) 吹いた (日)

● 밖에 지금 바람이 너무 많이 **불어서** 걷기도 힘들 정도예요.
　— 네, 안에 있어도 바람 **부는** 소리가 굉장해요.
　外は今, 風がひどくて, 歩くのもままならないほどです.
　—ええ, 中にいても風の**吹く**音がすごいんです.
● 서울은 지금 바람도 많이 **불고** 비도 와요.
　ソウルは, 今風も強いし, 雨も降ってます.
● 오늘은 바람이 **불어도** 덥네요.
　今日は風が**吹いても**, 暑いですね.

붑시다 吹こう	불어요 吹きます	불어서 吹くので
부세요 お吹きになります	불었습니다 吹きました	불었어요 吹きました
부십시오 吹いてください	불어 주십시오 吹いてください	불어 주세요 吹いてください
부니까 吹くから	불어 드리겠습니다 吹いてさしあげます	불어 드릴까요? 吹いてさしあげましょうか?
불려면 吹くためには	불어 보십시오 吹いてみてください	불어 보세요 吹いてみてください
불 거예요 吹くでしょう	불어도 됩니다 吹いてもいいです	불어도 돼요 吹いてもいいです
불 수 있어요 吹くことができます	불어야 합니다 吹かなければなりません	불어야 해요 吹かなければなりません
불 것 같아요 吹きそうです	불었는데 吹いたけど	불었을 (때) 吹いた (とき)
불려고 해요 吹こうと思っています	불러 갑니다 吹きに行きます	불러 가요 吹きに行きます
분 것 같아요 吹いたようです	불면 됩니다 吹けばいいです	불면 돼요 吹けばいいです
불 (때) 吹く (とき)	분 적이 있습니다 吹いたことがあります	분 적이 있어요 吹いたことがあります

사다   買う

[sada サダ] Ⅰ Ⅱ Ⅲ 사-

- 「安く買う」は「싸게 사다」,「高く買う」は「비싸게 사다」.
- 「높이 사다」は「高く評価する」.「反感を買う」は「반감을 사다」.「호감을 사다」(好感を買う).「의혹을 사다」(疑惑を買う).

사겠습니다 買います	사겠어요 買います	삽니다 買います
사죠? 買うでしょう?	사네요 買いますね	사십니다 お買いになります
사고 買うし	사는데 買うけど	살까요? 買いましょうか?
사지 않습니다 買いません	사지 않아요 買いません	사면 買えば
사지 마십시오 買わないでください	사지 마세요 買わないでください	사면서 買いながら
사고 있습니다 買いつつあります	사고 있어요 買いつつあります	살 겁니다 買うでしょう
사고 싶습니다 買いたいです	사고 싶어요 買いたいです	살 수 있습니다 買うことができます
사는 것 같습니다 買うようです	사는 것 같아요 買うようです	살 것 같습니다 買いそうです
사기 전에 買う前に	사게 買うように	사려고 합니다 買おうと思っています
사는 (사람) 買う(人)	사지 않는 (사람) 買わない(人)	산 것 같습니다 買ったようです
사지 않은 (사람) 買わなかった(人)	사지 않을 (사람) 買わない(人)	산 (사람) 買った(人)

● 한국에서 가죽 자켓을 좀 **사고 싶은데** 어디가 좋아요?
　　韓国で革のジャケットを**買いたいんだけど**, どこがいいですか?
● 가죽 자켓을 **사려면** 이태원에 가 보세요.
　　革のジャケットを**買うなら**, イテウォンへ行ってみてください.
● 저 편의점에 뭐 **사러** 가는데 필요한 거 있으세요?
　　私, コンビニへ買い物に行くのですが, 何か必要なものありますか?
● 이 휴대폰 줄 두 개 **사서** 하나는 친구 줬어요.
　　この携帯ストラップ, 2つ**買って**, 1つは友達にあげました.

삽시다 買おう	사요 買います	사서 買うので
사세요 お買いになります	샀습니다 買いました	샀어요 買いました
사십시오 買ってください	사 주십시오 買ってください	사 주세요 買ってください
사니까 買うから	사 드리겠습니다 買ってさしあげます	사 드릴까요? 買ってさしあげましょうか?
사려면 買うためには	사 보십시오 買ってみてください	사 보세요 買ってみてください
살 거예요 買うでしょう	사도 됩니다 買ってもいいです	사도 돼요 買ってもいいです
살 수 있어요 買うことができます	사야 합니다 買わなければなりません	사야 해요 買わなければなりません
살 것 같아요 買いそうです	샀는데 買ったけど	샀을 (때) 買った(とき)
사려고 해요 買おうと思っています	사러 갑니다 買いに行きます	사러 가요 買いに行きます
산 것 같아요 買ったようです	사면 됩니다 買えばいいです	사면 돼요 買えばいいです
살 (때) 買う(とき)	산 적이 있습니다 買ったことがあります	산 적이 있어요 買ったことがあります

살다   住む. 暮らす. 生きる 【ㄹ語幹】

[saːlda サールダ] ⅠⅡ 살-/사-, Ⅲ 살아-

- 「…に住む. 暮らす」は「…에 살다」. 「…で住む. 暮らす」は「…에서 살다」.
- 「혼자 살다」は「一人で暮らす」. 「따로 살다」は「別々に暮らす」.

살겠습니다 住みます	살겠어요 住みます	삽니다 住みます
살죠? 住むでしょう？	사네요 住みますね	사십니다 お住みになります
살고 住むし	사는데 住むけど	살까요? 住みましょうか？
살지 않습니다 住みません	살지 않아요 住みません	살면 住めば
살지 마십시오 住まないでください	살지 마세요 住まないでください	살면서 住みながら
살고 있습니다 住んでいます	살고 있어요 住んでいます	살 겁니다 住むでしょう
살고 싶습니다 住みたいです	살고 싶어요 住みたいです	살 수 있습니다 住むことができます
사는 것 같습니다 住んでいるようです	사는 것 같아요 住んでいるようです	살 것 같습니다 住みそうです
살기 전에 住む前に	살게 住むように	살려고 합니다 住もうと思っています
사는 (사람) 住む (人)	살지 않는 (사람) 住まない (人)	산 것 같습니다 住んでいたようです
살지 않은 (사람) 住まなかった (人)	살지 않을 (사람) 住まない (人)	산 (사람) 住んだ (人)

- 저는 기숙사에 **사는데** 좀 좁아도 여러가지로 편해요.
  私は寄宿舎に**住んでいるのですが**, 少し狭いけど, いろいろと便利です.
- 외국에서 **살면** 재미있는 일도 많아요.
  外国で**暮らしていると**, おもしろいこともたくさんあります.
- 저희 할머니는 구십 구 세까지 **사셨어요**.
  祖母は99歳まで**生きていらっしゃいました**.
- 지금은 부모님하고 따로 **살아요**.
  今は両親と別々に**暮らしています**.

삽시다 住もう	살아요 住みます	살아서 住むので
사세요 お住みになります	살았습니다 住みました	살았어요 住みました
사십시오 住んでください	살아 주십시오 住んでください	살아 주세요 住んでください
사니까 住むから	살아 드리겠습니다 住んでさしあげます	살아 드릴까요? 住んでさしあげましょうか?
살려면 住むためには	살아 보십시오 住んでみてください	살아 보세요 住んでみてください
살 거예요 住むでしょう	살아도 됩니다 住んでもいいです	살아도 돼요 住んでもいいです
살 수 있어요 住むことができます	살아야 합니다 住まなければなりません	살아야 해요 住まなければなりません
살 것 같아요 住みそうです	살았는데 住んだけど	살았을 (때) 住んだ(とき)
살려고 해요 住もうと思っています	살러 갑니다 住みに行きます	살러 가요 住みに行きます
산 것 같아요 住んでいたようです	살면 됩니다 住めばいいです	살면 돼요 住めばいいです
살 (때) 住む(とき)	산 적이 있습니다 住んだことがあります	산 적이 있어요 住んだことがあります

서다　立つ

[sɔda ソダ] Ⅰ Ⅱ Ⅲ 서-

- 「줄(을) 서다」는「列にならぶ」.「체면이 서다」(めんつが立つ).
- 「반대 입장에 서다」(反対の立場に立つ).「보증을 서다」(保証を 立つ)는「保証人になる」.

서겠습니다 立ちます	서겠어요 立ちます	섭니다 立ちます
서죠? 立つでしょう？	서네요 立ちますね	서십니다 お立ちになります
서고 立つし	서는데 立つけど	설까요? 立ちましょうか？
서지 않습니다 立ちません	서지 않아요 立ちません	서면 立てば
서지 마십시오 立たないでください	서지 마세요 立たないでください	서면서 立ちながら
서고 있습니다 立ちつつあります	서고 있어요 立ちつつあります	설 겁니다 立つでしょう
서고 싶습니다 立ちたいです	서고 싶어요 立ちたいです	설 수 있습니다 立つことができます
서는 것 같습니다 立つようです	서는 것 같아요 立つようです	설 것 같습니다 立ちそうです
서기 전에 立つ前に	서게 立つように	서려고 합니다 立とうと思っています
서는 (사람) 立つ(人)	서지 않는(사람) 立たない(人)	선 것 같습니다 立ったようです
서지 않은 (사람) 立たなかった(人)	서지 않을 (사람) 立たない(人)	선 (사람) 立った(人)

- 여기 **서 있으면** 복잡하니까 카페에라도 들어가죠.
  ここに**立っていたら**じゃまだから, カフェにでも入りましょう.
- 일본사람들은 줄을 참 잘 **서는 것 같아요**.
  日本人は, 並ぶのがとても上手だと思います.
- 이 책은 어제 책방에서 **서서** 다 봤어요.
  この本は, 昨日本屋でみんな立ち読みしました.
- 이 집은 언제나 줄을 많이 **서 있어요**.
  この店は, いつもすごく**並んでいます**.

섭시다　　　立とう	서요　　　立ちます	서서　　　立つので
서세요　　　お立ちになります	섰습니다　　　立ちました	섰어요　　　立ちました
서십시오　　　立ってください	서 주십시오　　　立ってください	서 주세요　　　立ってください
서니까　　　立つから	서 드리겠습니다　　　立ってさしあげます	서 드릴까요?　　　立ってさしあげましょうか?
서려면　　　立つためには	서 보십시오　　　立ってみてください	서 보세요　　　立ってみてください
설 거예요　　　立つでしょう	서도 됩니다　　　立ってもいいです	서도 돼요　　　立ってもいいです
설 수 있어요　　　立つことができます	서야 합니다　　　立たなければなりません	서야 해요　　　立たなければなりません
설 것 같아요　　　立ちそうです	섰는데　　　立ったけど	섰을 (때)　　　立った(とき)
서려고 해요　　　立とうと思っています	—	—
선 것 같아요　　　立ったようです	서면 됩니다　　　立てばいいです	서면 돼요　　　立てばいいです
설 (때)　　　立つ(とき)	선 적이 있습니다　　　立ったことがあります	선 적이 있어요　　　立ったことがあります

쉬다 ①休む ②(食べ物などが)傷む ③(声が)かれる

[ʃwiːda シュィーダ] ⅠⅡ 쉬-, Ⅲ 쉬어-

- 「ゆっくり休む」は「푹 쉬다」. 尊敬形「쉬시다」は「寝る」の尊敬形ではなく, 「(仕事などを)休む」の尊敬形の「お休みになる」.
- 「목(이) 쉬다」は「声(が)かれる」. 「밥이 쉬다」は「ご飯が腐る」.

쉬겠습니다 休みます	쉬겠어요 休みます	쉽니다 休みます
쉬죠? 休むでしょう？	쉬네요 休みますね	쉬십니다 お休みになります
쉬고 休むし	쉬는데 休むけど	쉴까요? 休みましょうか？
쉬지 않습니다 休みません	쉬지 않아요 休みません	쉬면 休めば
쉬지 마십시오 休まないでください	쉬지 마세요 休まないでください	쉬면서 休みながら
쉬고 있습니다 休んでいます	쉬고 있어요 休んでいます	쉴 겁니다 休むでしょう
쉬고 싶습니다 休みたいです	쉬고 싶어요 休みたいです	쉴 수 있습니다 休むことができます
쉬는 것 같습니다 休むようです	쉬는 것 같아요 休むようです	쉴 것 같습니다 休みそうです
쉬기 전에 休む前に	쉬게 休むように	쉬려고 합니다 休もうと思っています
쉬는 (사람) 休む(人)	쉬지 않는 (사람) 休まない(人)	쉰 것 같습니다 休んだようです
쉬지 않은 (사람) 休まなかった(人)	쉬지 않을 (사람) 休まない(人)	쉰 (사람) 休んだ(人)

- 오늘 몸이 안 좋아서 좀 쉬고 싶은데요.
  今日は体の調子が悪いので，ちょっと**休みたいのですが**.
- 네, 걱정 마시고 푹 쉬세요.
  はい，ご心配なさらないで，ゆっくり**お休みください**.
- 쉬는 날이 언제예요?
  休みの日っていつですか？
- 일이 너무 바빠서 한국어 학원을 이 주나 쉬었어요.
  仕事が忙しくて，韓国語の教室を2週間も**休みました**.

쉽시다 休もう	쉬어요 休みます	쉬어서 休むので
쉬세요 お休みになります	쉬었습니다 休みました	쉬었어요 休みました
쉬십시오 休んでください	―	―
쉬니까 休むから	―	―
쉬려면 休むためには	쉬어 보십시오 休んでみてください	쉬어 보세요 休んでみてください
쉴 거예요 休むでしょう	쉬어도 됩니다 休んでもいいです	쉬어도 돼요 休んでもいいです
쉴 수 있어요 休むことができます	쉬어야 합니다 休まなければなりません	쉬어야 해요 休まなければなりません
쉴 것 같아요 休みそうです	쉬었는데 休んだけど	쉬었을 (때) 休んだ(とき)
쉬려고 해요 休もうと思っています	쉬러 갑니다 休みに行きます	쉬러 가요 休みに行きます
쉰 것 같아요 休んだようです	쉬면 됩니다 休めばいいです	쉬면 돼요 休めばいいです
쉴 (때) 休む(とき)	쉰 적이 있습니다 休んだことがあります	쉰 적이 있어요 休んだことがあります

시키다   させる. 注文する

[ʃikʰida シキダ] ⅠⅡ 시키-, Ⅲ 시켜-

● 「させる」は「일(을) 시키다」(仕事(を)させる).「공부(를) 시키다」(勉強(を)させる)のように用いる.

시키겠습니다 注文します	시키겠어요 注文します	시킵니다 注文します
시키죠? 注文するでしょう?	시키네요 注文しますね	시키십니다 注文なさいます
시키고 注文するし	시키는데 注文するけど	시킬까요? 注文しましょうか?
시키지 않습니다 注文しません	시키지 않아요 注文しません	시키면 注文すれば
시키지 마십시오 注文しないでください	시키지 마세요 注文しないでください	시키면서 注文しながら
시키고 있습니다 注文しています	시키고 있어요 注文しています	시킬 겁니다 注文するでしょう
시키고 싶습니다 注文したいです	시키고 싶어요 注文したいです	시킬 수 있습니다 注文することができます
시키는 것 같습니다 注文するようです	시키는 것 같아요 注文するようです	시킬 것 같습니다 注文しそうです
시키기 전에 注文する前に	시키게 注文するように	시키려고 합니다 注文しようと思っています
시키는 (사람) 注文する(人)	시키지 않는 (사람) 注文しない(人)	시킨 것 같습니다 注文したようです
시키지 않은 (사람) 注文しなかった(人)	시키지 않을 (사람) 注文しない(人)	시킨 (사람) 注文した(人)

- 저도 같은 걸로 **시켜 주세요**. 전화 좀 하고 올게요.
  私も同じものを頼んでください。ちょっと電話して来ます。
- 이건 다른 사람을 **시키셔도 되지** 않아요?
  これは他の人にさせてもいいのではないでしょうか？
- 일을 **시키려면** 처음부터 잘 가르쳐야 돼요.
  仕事をさせるためには、最初からよく教えなければなりません。
- 그래도 전 일을 많이 안 **시키는** 편이에요.
  でも、私は、それほど仕事をさせないほうですよ。

시킵시다 注文しよう	시켜요 注文します	시켜서 注文するので
시키세요 注文なさいます	시켰습니다 注文しました	시켰어요 注文しました
시키십시오 注文してください	시켜 주십시오 注文してください	시켜 주세요 注文してください
시키니까 注文するから	시켜 드리겠습니다 注文してさしあげます	시켜 드릴까요? 注文してさしあげましょうか？
시키려면 注文するためには	시켜 보십시오 注文してみてください	시켜 보세요 注文してみてください
시킬 거예요 注文するでしょう	시켜도 됩니다 注文してもいいです	시켜도 돼요 注文してもいいです
시킬 수 있어요 注文することができます	시켜야 합니다 注文しなければなりません	시켜야 해요 注文しなければなりません
시킬 것 같아요 注文しそうです	시켰는데 注文したけど	시켰을 (때) 注文した(とき)
시키려고 해요 注文しようと思っています	시키러 갑니다 注文しに行きます	시키러 가요 注文しに行きます
시킨 것 같아요 注文したようです	시키면 됩니다 注文すればいいです	시키면 돼요 注文すればいいです
시킬 (때) 注文する(とき)	시킨 적이 있습니다 注文したことがあります	시킨 적이 있어요 注文したことがあります

신다　履く

[ʃinˀta シンタ]　I 신-, II 신으-, III 신어-

● 「신발」(履物)や「양말」(くつした)などに使う.「치마」(スカート)や「바지」(ズボン)は「입다」(着る)と言う.

신겠습니다 履きます	신겠어요 履きます	신습니다 履きます
신죠? 履くでしょう?	신네요 履きますね	신으십니다 お履きになります
신고 履くし	신는데 履くけど	신을까요? 履きましょうか?
신지 않습니다 履きません	신지 않아요 履きません	신으면 履けば
신지 마십시오 履かないでください	신지 마세요 履かないでください	신으면서 履きながら
신고 있습니다 履いています	신고 있어요 履いています	신을 겁니다 履くでしょう
신고 싶습니다 履きたいです	신고 싶어요 履きたいです	신을 수 있습니다 履くことができます
신는 것 같습니다 履くようです	신는 것 같아요 履くようです	신을 것 같습니다 履きそうです
신기 전에 履く前に	신게 履くように	신으려고 합니다 履こうと思っています
신는 (사람) 履く (人)	신지 않는 (사람) 履かない (人)	신은 것 같습니다 履いたようです
신지 않은 (사람) 履かなかった (人)	신지 않을 (사람) 履かない (人)	신은 (사람) 履いた (人)

- 집안에서는 겨울에도 양말을 **못 신겠어요**. 답답해요.
  家の中では, 冬でも靴下が**履けないのです**. うっとうしくて.
- 지금 제 옷에 이 구두 **신으면** 좀 이상하지 않아요?
  今の私の服に, この靴を**履くと**, ちょっと変じゃないですか?
- 이 구두 좀 **신어 봐도 돼요**?
  この靴, ちょっと**履いてみてもいいですか**?
- 이 신발은 너무 편해서 몇 년 **신었어요**.
  この靴は, 本当に履き心地がよくて, 何年も**履いています**.

신읍시다 履こう	신어요 履きます	신어서 履くので
신으세요 お履きになります	신었습니다 履きました	신었어요 履きました
신으십시오 履いてください	신어 주십시오 履いてください	신어 주세요 履いてください
신으니까 履くから	—	—
신으려면 履くためには	신어 보십시오 履いてみてください	신어 보세요 履いてみてください
신을 거예요 履くでしょう	신어도 됩니다 履いてもいいです	신어도 돼요 履いてもいいです
신을 수 있어요 履くことができます	신어야 합니다 履かなければなりません	신어야 해요 履かなければなりません
신을 것 같아요 履きそうです	신었는데 履いたけど	신었을 (때) 履いた(とき)
신으려고 해요 履こうと思っています	신으러 갑니다 履きに行きます	신으러 가요 履きに行きます
신은 것 같아요 履いたようです	신으면 됩니다 履けばいいです	신으면 돼요 履けばいいです
신을 (때) 履く(とき)	신은 적이 있습니다 履いたことがあります	신은 적이 있어요 履いたことがあります

싸우다   喧嘩する. 戦う

[ʔsauda サウダ]　ⅠⅡ 싸우-, Ⅲ 싸워-

● 「喧嘩」は「싸움」.「子どもの喧嘩」は「애들 싸움」.「夫婦喧嘩」は「부부 싸움」.

싸우겠습니다 喧嘩します	싸우겠어요 喧嘩します	싸웁니다 喧嘩します
싸우죠? 喧嘩するでしょう?	싸우네요 喧嘩しますね	싸우십니다 喧嘩なさいます
싸우고 喧嘩するし	싸우는데 喧嘩するけど	싸울까요? 喧嘩するでしょうか?
싸우지 않습니다 喧嘩しません	싸우지 않아요 喧嘩しません	싸우면 喧嘩すれば
싸우지 마십시오 喧嘩しないでください	싸우지 마세요 喧嘩しないでください	싸우면서 喧嘩しながら
싸우고 있습니다 喧嘩しています	싸우고 있어요 喧嘩しています	싸울 겁니다 喧嘩するでしょう
싸우고 싶습니다 喧嘩したいです	싸우고 싶어요 喧嘩したいです	싸울 수 있습니다 喧嘩することができます
싸우는 것 같습니다 喧嘩するようです	싸우는 것 같아요 喧嘩するようです	싸울 것 같습니다 喧嘩しそうです
싸우기 전에 喧嘩する前に	싸우게 喧嘩するように	싸우려고 합니다 喧嘩しようと思っています
싸우는 (사람) 喧嘩する(人)	싸우지 않는 (사람) 喧嘩しない(人)	싸운 것 같습니다 喧嘩したようです
싸우지 않은 (사람) 喧嘩しなかった(人)	싸우지 않을 (사람) 喧嘩しない(人)	싸운 (사람) 喧嘩した(人)

- 우리 애들은 **안 싸우는** 날이 없어요.
  うちの子どもたちは, **喧嘩しない**日がないんですよ.
- 애들이 **싸우면서** 크는 거죠.
  子どもって**喧嘩しながら**, 育つんですよ.
- 어렸을 때는 동생들이 **싸우면** 저까지 야단맞았어요.
  子どもの頃は, 妹(弟)たちが**喧嘩すると**, 私まで怒られましたよ.
- 애들은 똑같은 거 안 사 주면 서로 **싸워서** 안돼요.
  子どもたちは, 同じものを買ってあげないと, **喧嘩するから**, だめです.

싸웁시다 喧嘩しよう	싸워요 喧嘩します	싸워서 喧嘩するので
싸우세요 喧嘩なさいます	싸웠습니다 喧嘩しました	싸웠어요 喧嘩しました
싸우십시오 喧嘩してください	싸워 주십시오 喧嘩してください	싸워 주세요 喧嘩してください
싸우니까 喧嘩するから	싸워 드리겠습니다 喧嘩してさしあげます	싸워 드릴까요? 喧嘩してさしあげましょうか?
싸우려면 喧嘩するためには	싸워 보십시오 喧嘩してみてください	싸워 보세요 喧嘩してみてください
싸울 거예요 喧嘩するでしょう	싸워도 됩니다 喧嘩してもいいです	싸워도 돼요 喧嘩してもいいです
싸울 수 있어요 喧嘩することができます	싸워야 합니다 喧嘩しなければなりません	싸워야 해요 喧嘩しなければなりません
싸울 것 같아요 喧嘩しそうです	싸웠는데 喧嘩したけど	싸웠을 (때) 喧嘩した(とき)
싸우려고 해요 喧嘩しようと思っています	싸우러 갑니다 喧嘩しに行きます	싸우러 가요 喧嘩しに行きます
싸운 것 같아요 喧嘩したようです	싸우면 됩니다 喧嘩すればいいです	싸우면 돼요 喧嘩すればいいです
싸울 (때) 喧嘩する(とき)	싸운 적이 있습니다 喧嘩したことがあります	싸운 적이 있어요 喧嘩したことがあります

쓰다 ①書く. ②使う 【으活用】

[ˀsuda スダ] ⅠⅡ 쓰-, Ⅲ 써-

● 「めがねを掛ける」は「안경을 쓰다」あるいは「안경을 끼다」.
● 「帽子をかぶる」は「모자를 쓰다」.

쓰겠습니다 書きます	쓰겠어요 書きます	씁니다 書きます
쓰죠? 書くでしょう?	쓰네요 書きますね	쓰십니다 お書きになります
쓰고 書くし	쓰는데 書くけど	쓸까요? 書きましょうか?
쓰지 않습니다 書きません	쓰지 않아요 書きません	쓰면 書けば
쓰지 마십시오 書かないでください	쓰지 마세요 書かないでください	쓰면서 書きながら
쓰고 있습니다 書いています	쓰고 있어요 書いています	쓸 겁니다 書くでしょう
쓰고 싶습니다 書きたいです	쓰고 싶어요 書きたいです	쓸 수 있습니다 書くことができます
쓰는 것 같습니다 書くようです	쓰는 것 같아요 書くようです	쓸 것 같습니다 書きそうです
쓰기 전에 書く前に	쓰게 書くように	쓰려고 합니다 書こうと思っています
쓰는 (사람) 書く(人)	쓰지 않는 (사람) 書かない(人)	쓴 것 같습니다 書いたようです
쓰지 않은 (사람) 書かなかった(人)	쓰지 않을 (사람) 書かない(人)	쓴 (사람) 書いた(人)

- 이 한자는 어떻게 **써요**?
  この漢字はどのように**書くんですか**？
- 처음엔 한글을 많이 **쓰면서** 외웠어요.
  最初は，ハングルをたくさん**書きながら**，覚えました．
- 요즘은 컴퓨터만 **쓰니까** 한자를 많이 잊어 버렸어요.
  最近はコンピュータばかり**使うから**，漢字をかなり忘れてます．
- 저기에 야구 모자 **쓰고 있는** 사람이 제 친구예요.
  あそこに野球帽を**かぶっている**人が私の友達です．

씁시다 書こう	써요 書きます	써서 書くので
쓰세요 お書きになります	썼습니다 書きました	썼어요 書きました
쓰십시오 書いてください	써 주십시오 書いてください	써 주세요 書いてください
쓰니까 書くから	써 드리겠습니다 書いてさしあげます	써 드릴까요? 書いてさしあげましょうか？
쓰려면 書くためには	써 보십시오 書いてみてください	써 보세요 書いてみてください
쓸 거예요 書くでしょう	써도 됩니다 書いてもいいです	써도 돼요 書いてもいいです
쓸 수 있어요 書くことができます	써야 합니다 書かなければなりません	써야 해요 書かなければなりません
쓸 것 같아요 書きそうです	썼는데 書いたけど	썼을 (때) 書いた (とき)
쓰려고 해요 書こうと思っています	쓰러 갑니다 書きに行きます	쓰러 가요 書きに行きます
쓴 것 같아요 書いたようです	쓰면 됩니다 書けばいいです	쓰면 돼요 書けばいいです
쓸 (때) 書く (とき)	쓴 적이 있습니다 書いたことがあります	쓴 적이 있어요 書いたことがあります

씻다　洗う

[ˀʃiˈta シッタ]　Ⅰ 씻-, Ⅱ 씻으-, Ⅲ 씻어-

● 洗濯物を洗う場合の「洗う」は「빨다」.「洗濯(を)する」は「빨래(를) 하다」.
● 「髪を洗う」は「머리(를) 감다」.

씻겠습니다 洗います	씻겠어요 洗います	씻습니다 洗います
씻죠? 洗うでしょう?	씻네요 洗いますね	씻으십니다 お洗いになります
씻고 洗うし	씻는데 洗うけど	씻을까요? 洗いましょうか?
씻지 않습니다 洗いません	씻지 않아요 洗いません	씻으면 洗えば
씻지 마십시오 洗わないでください	씻지 마세요 洗わないでください	씻으면서 洗いながら
씻고 있습니다 洗っています	씻고 있어요 洗っています	씻을 겁니다 洗うでしょう
씻고 싶습니다 洗いたいです	씻고 싶어요 洗いたいです	씻을 수 있습니다 洗うことができます
씻는 것 같습니다 洗うようです	씻는 것 같아요 洗うようです	씻을 것 같습니다 洗いそうです
씻기 전에 洗う前に	씻게 洗うように	씻으려고 합니다 洗おうと思っています
씻는 (사람) 洗う (人)	씻지 않는 (사람) 洗わない (人)	씻은 것 같습니다 洗ったようです
씻지 않은 (사람) 洗わなかった (人)	씻지 않을 (사람) 洗わない (人)	씻은 (사람) 洗った (人)

- 먼저 드세요. 저 손을 좀 **씻고** 오겠습니다.
  先に召し上がってください. 私は手を**洗**って来ます.
- 손은 이쪽에서 **씻으세요**.
  手はこちらで**洗**ってください.
- 딸기 좀 드시겠어요? 금방 **씻어** 오겠습니다.
  イチゴ, 召しあがります？すぐに**洗**って来ます.
- 이 컵, **씻은** 거예요?
  このカップ, **洗**ったものですか？

씻읍시다 洗おう	씻어요 洗います	씻어서 洗うから
씻으세요 お洗いになります	씻었습니다 洗いました	씻었어요 洗いました
씻으십시오 洗ってください	씻어 주십시오 洗ってください	씻어 주세요 洗ってください
씻으니까 洗うから	씻어 드리겠습니다 洗ってさしあげます	씻어 드릴까요? 洗ってさしあげましょうか？
씻으려면 洗うためには	씻어 보십시오 洗ってみてください	씻어 보세요 洗ってみてください
씻을 거예요 洗うでしょう	씻어도 됩니다 洗ってもいいです	씻어도 돼요 洗ってもいいです
씻을 수 있어요 洗うことができます	씻어야 합니다 洗わなければなりません	씻어야 해요 洗わなければなりません
씻을 것 같아요 洗いそうです	씻었는데 洗ったけど	씻었을 (때) 洗った (とき)
씻으려고 해요 洗おうと思っています	씻으러 갑니다 洗いに行きます	씻으러 가요 洗いに行きます
씻은 것 같아요 洗ったようです	씻으면 됩니다 洗えばいいです	씻으면 돼요 洗えばいいです
씻을 (때) 洗う (とき)	씻은 적이 있습니다 洗ったことがあります	씻은 적이 있어요 洗ったことがあります

앉다　座る

[anˀta　アンタ]　Ⅰ 앉-, Ⅱ 앉으-, Ⅲ 앉아-

● 「座ってください」や「お座りください」は普通「앉아 주세요」ではなく「앉으세요」と言う.
● 「座って…する」は「앉아서…하다」.

앉겠습니다 座ります	앉겠어요 座ります	앉습니다 座ります
앉죠? 座るでしょう？	앉네요 座りますね	앉으십니다 お座りになります
앉고 座るし	앉는데 座るけど	앉을까요? 座りましょうか？
앉지 않습니다 座りません	앉지 않아요 座りません	앉으면 座れば
앉지 마십시오 座らないでください	앉지 마세요 座らないでください	앉으면서 座りながら
앉고 있습니다 座りつつあります	앉고 있어요 座りつつあります	앉을 겁니다 座るでしょう
앉고 싶습니다 座りたいです	앉고 싶어요 座りたいです	앉을 수 있습니다 座ることができます
앉는 것 같습니다 座るようです	앉는 것 같아요 座るようです	앉을 것 같습니다 座りそうです
앉기 전에 座る前に	앉게 座るように	앉으려고 합니다 座ろうと思っています
앉는 (사람) 座る (人)	앉지 않는 (사람) 座らない (人)	앉은 것 같습니다 座ったようです
앉지 않은 (사람) 座らなかった (人)	앉지 않을 (사람) 座らない (人)	앉은 (사람) 座った (人)

- 오늘은 전철에 사람이 별로 없어서 **앉아서** 왔어요.
  今日は電車が空いていたので, **座って**来ました.
- 어서 오세요. 이쪽으로 **앉으세요**.
  いらっしゃいませ. こちらへ**お座りください**.
- 오늘은 하루종일 컴퓨터 앞에 **앉아 있었어요**.
  今日は一日中パソコンの前に**座っていました**.
- 전 눈이 나빠서 되도록이면 앞에 **앉고 싶어요**.
  私は目が悪くて, できれば前の方に**座りたいんです**.

앉읍시다 座ろう	앉아요 座ります	앉아서 座るので
앉으세요 お座りになります	앉았습니다 座りました	앉았어요 座りました
앉으십시오 座ってください	앉아 주십시오 座ってください	앉아 주세요 座ってください
앉으니까 座るから	―	―
앉으려면 座るためには	앉아 보십시오 座ってみてください	앉아 보세요 座ってみてください
앉을 거예요 座るでしょう	앉아도 됩니다 座ってもいいです	앉아도 돼요 座ってもいいです
앉을 수 있어요 座ることができます	앉아야 합니다 座らなければなりません	앉아야 해요 座らなければなりません
앉을 것 같아요 座りそうです	앉았는데 座ったけど	앉았을 (때) 座った(とき)
앉으려고 해요 座ろうと思っています	―	―
앉은 것 같아요 座ったようです	앉으면 됩니다 座ればいいです	앉으면 돼요 座ればいいです
앉을 (때) 座る(とき)	앉은 적이 있습니다 座ったことがあります	앉은 적이 있어요 座ったことがあります

알다

知る. わかる 【ㄹ活用】

[aːlda アールダ] ⅠⅡ 알-/아-, Ⅲ 알아-

- 「알아보다」は「調べる」.
- 「わかりましたか」に対する答えとしての「わかりました」は「알겠습니다」となり, 「알았습니다」と言うと失礼になる場合がある.

알겠습니다 わかりました	알겠어요 わかりました	압니다 わかります
알죠? わかるでしょう？	아네요 わかりますね	아십니다 おわかりです
알고 わかるし	아는데 わかるけど	알까요? わかるでしょうか？
—	—	알면 わかれば
—	—	알면서 わかっていながら
알고 있습니다 わかっています	알고 있어요 わかっています	알 겁니다 わかるでしょう
알고 싶습니다 知りたいです	알고 싶어요 知りたいです	알 수 있습니다 わかることができます
아는 것 같습니다 わかっているようです	아는 것 같아요 わかっているようです	알 것 같습니다 わかりそうです
알기 전에 わかる前に	알게 わかるように	알려고 합니다 わかろうとします
아는 (사람) 知っている (人)	—	안 것 같습니다 わかったようです
—	—	안 (사람) わかった (人)

- 지금 나오는 노래 아세요?
  今流れている歌, ご存知ですか？
- 저는 일본에는 아는 사람이 별로 없어요.
  私は日本には, 知り合いが少ないんです.
- 제 전화번호 어떻게 아셨어요?
  私の電話番号, どうしてわかったんですか？
- 비행기 표 아직 있는 지 알아볼까요?
  飛行機のチケット, まだあるか調べてみましょうか？

압시다 知ろう	알아요 わかります	알아서 わかるので
아세요 おわかりです	알았습니다 わかりました	알았어요 わかりました
아십시오 わかってください	알아 주십시오 わかってください	알아 주세요 わかってください
아니까 わかるから	—	—
알려면 わかるためには	알아보십시오 調べてみてください	알아보세요 調べてみてください
알 거예요 わかるでしょう	알아도 됩니다 わかってもいいです	알아도 돼요 わかってもいいです
알 수 있어요 わかることができます	알아야 합니다 知るべきです	알아야 해요 知るべきです
알 것 같아요 わかりそうです	알았는데 わかったけど	알았을 (때) わかった(とき)
알려고 해요 わかろうとします	—	—
안 것 같아요 わかったようです	알면 됩니다 わかればいいです	알면 돼요 わかればいいです
알 (때) わかる(とき)	—	—

열다　　開ける. 開く　　【ㄹ活用】

[jɔːlda ヨールダ]　ⅠⅡ 열-/여-, Ⅲ 열어 -

- 「문을 열다」는「ドアを開ける」または「店を開ける」(営業を始める).
- 「입을 열다」(口を開く).「口を開ける」は「입을 벌리다」.

열겠습니다	열겠어요	엽니다
開けます	開けます	開けます
열죠?	여네요	여십니다
開けるでしょう?	開けますね	お開けになります
열고	여는데	열까요?
開けるし	開けるけど	開けましょうか?
열지 않습니다	열지 않아요	열면
開けません	開けません	開ければ
열지 마십시오	열지 마세요	열면서
開けないでください	開けないでください	開けながら
열고 있습니다	열고 있어요	열 겁니다
開けています	開けています	開けるでしょう
열고 싶습니다	열고 싶어요	열 수 있습니다
開けたいです	開けたいです	開けることができます
여는 것 같습니다	여는 것 같아요	열 것 같습니다
開けるようです	開けるようです	開けそうです
열기 전에	열게	열려고 합니다
開ける前に	開けるように	開けようと思っています
여는 (사람)	열지 않는 (사람)	연 것 같습니다
開ける (人)	開けない (人)	開けたようです
열지 않은 (사람)	열지 않을 (사람)	연 (사람)
開けなかった (人)	開けない (人)	開けた (人)

● 죄송하지만 창문 좀 **열어도** 될까요?
　すみませんが, 窓を**開けてもいい**でしょうか？
● 차 소리가 시끄러워서 낮에는 창문을 못 **열겠어요**.
　車の音がうるさくて, 昼間もは窓が**開けられない**んです.
● 그 중국집은 열한 시 반쯤에 문을 **여는** 것 같아요
　あの中華料理屋は 11 時半ごろに**開く**ようです.
● 한국에서는 택시 문은 직접 **열고** 타세요.
　韓国ではタクシーのドアは直接（自分で）**開けて**, 乗ってください.

엽시다 開けよう	열어요 開けます	열어서 開けるので
여세요 お開けになります	열었습니다 開けました	열었어요 開けました
여십시오 開けてください	열어 주십시오 開けてください	열어 주세요 開けてください
여니까 開けるから	열어 드리겠습니다 開けてさしあげます	열어 드릴까요? 開けてさしあげましょうか？
열려면 開けるためには	열어 보십시오 開けてみてください	열어 보세요 開けてみてください
열 거예요 開けるでしょう	열어도 됩니다 開けてもいいです	열어도 돼요 開けてもいいです
열 수 있어요 開けることができます	열어야 합니다 開けなければなりません	열어야 해요 開けなければなりません
열 것 같아요 開けそうです	열었는데 開けたけど	열었을 (때) 開けた（とき）
열려고 해요 開けようと思っています	열러 갑니다 開けに行きます	열러 가요 開けに行きます
연 것 같아요 開けたようです	열면 됩니다 開ければいいです	열면 돼요 開ければいいです
열 (때) 開ける（とき）	연 적이 있습니다 開けたことがあります	연 적이 있어요 開けたことがあります

오다 来る

[oda オダ] ⅠⅡ 오-, Ⅲ 와-

- 「비가 오다」는 「雨が降る」. 「눈이 오다」는 「雪が降る」.
- 「잠(이) 오다」. 「졸음(이) 오다」는 「졸리다」와 共히 「眠くなる」의 意味.

오겠습니다 来ます	오겠어요 来ます	옵니다 来ます
오죠? 来るでしょう？	오네요 来ますね	오십니다 おいでになります
오고 来るし	오는데 来るけど	올까요? 来ましょうか？
오지 않습니다 来ません	오지 않아요 来ません	오면 来れば
오지 마십시오 来ないでください	오지 마세요 来ないでください	오면서 来ながら
오고 있습니다 来つつあります	오고 있어요 来つつあります	올 겁니다 来るでしょう
오고 싶습니다 来たいです	오고 싶어요 来たいです	올 수 있습니다 来ることができます
오는 것 같습니다 来るようです	오는 것 같아요 来るようです	올 것 같습니다 来そうです
오기 전에 来る前に	오게 来るように	오려고 합니다 来ようと思っています
오는 (사람) 来る (人)	오지 않는 (사람) 来ない (人)	온 것 같습니다 来たようです
오지 않은 (사람) 来なかった (人)	오지 않을 (사람) 来ない (人)	온 (사람) 来た (人)

- 주말에 한국에서 친구가 **와서** 같이 여행을 했어요.
  週末に韓国から友達が**来て**，一緒に旅行しました.
- 요즘은 점심만 먹으면 잠이 **와서** 일을 못 하겠어요.
  最近はお昼を食べたら，決まって**眠くなって**，仕事にならないのです.
- 서울은 겨울에 눈이 많이 **와요**. 눈도 **오고** 추워요.
  ソウルは，冬は雪がたくさん**降ります**. 雪も**降るし**，寒いです.
- 준비는 다 됐으니까 정말 그냥 **오세요**.
  準備は全部できているから，本当に手ぶらで**いらしてください**.

옵시다 来よう	와요 来ます	와서 来るので
오세요 おいでになります	왔습니다 来ました	왔어요 来ました
오십시오 来てください	와 주십시오 来てください	와 주세요 来てください
오니까 来るから	와 드리겠습니다 来てさしあげます	와 드릴까요? 来てさしあげましょうか?
오려면 来るためには	와 보십시오 来てみてください	와 보세요 来てみてください
올 거예요 来るでしょう	와도 됩니다 来てもいいです	와도 돼요 来てもいいです
올 수 있어요 来ることができます	와야 합니다 来なければなりません	와야 해요 来なければなりません
올 것 같아요 来そうです	왔는데 来たけど	왔을 (때) 来た (とき)
오려고 해요 来ようと思っています	—	—
온 것 같아요 来たようです	오면 됩니다 来ればいいです	오면 돼요 来ればいいです
올 (때) 来る (とき)	온 적이 있습니다 来たことがあります	온 적이 있어요 来たことがあります

오르다　あがる. のぼる　【르変格】

[oruda オルダ]　ⅠⅡ 오르-, Ⅲ 올라-

● 「물가가 오르다」(物価があがる)などを除いて, 移動を表す「上る」は「올라가다」(上って行く)や「올라오다」(上って来る)の形で用いることが多い.

오르겠습니다	오르겠어요	오릅니다
あがりそうです	あがりそうです	あがります
오르죠?	오르네요	오르십니다
あがるでしょう？	あがりますね	おのぼりになります
오르고	오르는데	오를까요?
あがるし	あがるけど	あがるでしょうか？
오르지 않습니다	오르지 않아요	오르면
あがりません	あがりません	あがれば
오르지 마십시오	오르지 마세요	오르면서
のぼらないでください	のぼらないでください	あがりながら
오르고 있습니다	오르고 있어요	오를 겁니다
あがりつつあります	あがりつつあります	あがるでしょう
오르고 싶습니다	오르고 싶어요	오를 수 있습니다
のぼりたいです	のぼりたいです	あがることもあり得ます
오르는 것 같습니다	오르는 것 같아요	오를 것 같습니다
あがるようです	あがるようです	あがりそうです
오르기 전에	오르게	오르려고 합니다
あがる前に	あがるように	あがろうとします
오르는 (사람)	오르지 않는 (사람)	오른 것 같습니다
のぼる (人)	のぼらない (人)	あがったようです
오르지 않은 (사람)	오르지 않을 (사람)	오른 (사람)
のぼらなかった (人)	のぼらない (人)	のぼった (人)

- 일년 동안 물가가 많이 **올랐어요**.
  一年の間に物価がかなり**あがりました**.
- 올 봄부터 월급이 좀 **오를 것 같아요**.
  今年の春から給料が少し**あがると思います**.
- 다리를 다쳐서 계단을 오르고 내리는 게 힘들어요.
  足を怪我しているので, 階段ののぼり下りが大変です.
- 공부를 해도 성적이 안 **올라요**.
  勉強しても, 成績があがらないんですよ.

오릅시다 のぼろう	올라요 あがります	올라서 あがるので
오르세요 おのぼりになります	올랐습니다 あがりました	올랐어요 あがりました
오르십시오 のぼってください	—	—
오르니까 あがるから	—	—
오르려면 のぼるためには	—	—
오를 거예요 あがるでしょう	올라도 됩니다 あがってもいいです	올라도 돼요 あがってもいいです
오를 수 있어요 あがることもあり得ます	올라야 합니다 あがらなければなりません	올라야 해요 あがらなければなりません
오를 것 같아요 あがりそうです	올랐는데 あがったけど	올랐을 (때) あがった(とき)
오르려고 해요 あがろうとします	오르러 갑니다 のぼりに行きます	오르러 가요 のぼりに行きます
오른 것 같아요 あがったようです	오르면 됩니다 あがればいいです	오르면 돼요 あがればいいです
오를 (때) あがる(とき)	오른 적이 있습니다 あがったことがあります	오른 적이 있어요 あがったことがあります

울다　泣く. 鳴く　【ㄹ活用】

[u:lda ウールダ]　ⅠⅡ 울-/우-, Ⅲ 울어-

● 映画などが「泣ける」の場合は「슬프다(悲しい)」.「슬픈 영화」(悲しい映画)と言う.

울겠습니다 泣きそうです	울겠어요 泣きそうです	웁니다 泣きます
울죠? 泣くでしょう？	우네요 泣きますね	우십니다 お泣きになります
울고 泣くし	우는데 泣くけど	울까요? 泣くでしょうか？
울지 않습니다 泣きません	울지 않아요 泣きません	울면 泣けば
울지 마십시오 泣かないでください	울지 마세요 泣かないでください	울면서 泣きながら
울고 있습니다 泣いています	울고 있어요 泣いています	울 겁니다 泣くでしょう
울고 싶습니다 泣きたいです	울고 싶어요 泣きたいです	울 수 있습니다 泣くことができます
우는 것 같습니다 泣くようです	우는 것 같아요 泣くようです	울 것 같습니다 泣きそうです
울기 전에 泣く前に	울게 泣くように	울려고 합니다 泣こうとします
우는 (사람) 泣く(人)	울지 않는 (사람) 泣かない(人)	운 것 같습니다 泣いたようです
울지 않은 (사람) 泣かなかった(人)	울지 않을 (사람) 泣かない(人)	운 (사람) 泣いた(人)

- 어제는 영화 보면서 너무 많이 **울었어요**.
  昨日は, 映画を見ながら, 泣きすぎました.
- 어렸을 땐 너무 잘 **울어서** 별명이 울보였어요.
  子どもの頃は, あまりにもよく**泣くから**, あだ名が泣き虫でした.
- 어디서 고양이 **우는** 소리가 나요.
  どこか, 猫の鳴き声がしますね.
- 애가 한 번 **울면** 그치지를 않아요.
  子どもが一度**泣くと**, 止まないんです.

웁시다	울어요	울어서
泣こう	泣きます	泣くので
우세요	울었습니다	울었어요
お泣きになります	泣きました	泣きました
우십시오	울어 주십시오	울어 주세요
泣いてください	泣いてください	泣いてください
우니까	—	—
泣くから		
울려면	울어 보십시오	울어 보세요
泣くためには	泣いてみてください	泣いてみてください
울 거예요	울어도 됩니다	울어도 돼요
泣くでしょう	泣いてもいいです	泣いてもいいです
울 수 있어요	울어야 합니다	울어야 해요
泣くことができます	泣かなければなりません	泣かなければなりません
울 것 같아요	울었는데	울었을 (때)
泣きそうです	泣いたけど	泣いた(とき)
울려고 해요	울러 갑니다	울러 가요
泣こうとします	泣きに行きます	泣きに行きます
운 것 같아요	울면 됩니다	울면 돼요
泣いたようです	泣けばいいです	泣けばいいです
울 (때)	운 적이 있습니다	운 적이 있어요
泣く(とき)	泣いたことがあります	泣いたことがあります

웃다　笑う

[uːˀta ウーッタ]　Ⅰ 웃-, Ⅱ 웃으-, Ⅲ 웃어-

● 「お腹を抱えて笑う」は「배꼽(을) 잡고 웃다(ヘソをつかんで笑う)」.
● 「面白い話」「面白い人」などは「웃기는 얘기」「웃기는 사람」.
「웃기는 얘기」は実際の会話では「웃긴 얘기」となることが多い.

웃겠습니다 笑うでしょう	웃겠어요 笑うでしょう	웃습니다 笑います
웃죠? 笑うでしょう?	웃네요 笑いますね	웃으십니다 お笑いになります
웃고 笑うし	웃는데 笑うけど	웃을까요? 笑うでしょうか
웃지 않습니다 笑いません	웃지 않아요 笑いません	웃으면 笑えば
웃지 마십시오 笑わないでください	웃지 마세요 笑わないでください	웃으면서 笑いながら
웃고 있습니다 笑っています	웃고 있어요 笑っています	웃을 겁니다 笑うでしょう
웃고 싶습니다 笑いたいです	웃고 싶어요 笑いたいです	웃을 수 있습니다 笑うことができます
웃는 것 같습니다 笑うようです	웃는 것 같아요 笑うようです	웃을 것 같습니다 笑いそうです
웃기 전에 笑う前に	웃게 笑うように	웃으려고 합니다 笑おうとします
웃는 (사람) 笑う(人)	웃지 않는 (사람) 笑わない(人)	웃은 것 같습니다 笑ったようです
웃지 않은 (사람) 笑わなかった(人)	웃지 않을 (사람) 笑わない(人)	웃은 (사람) 笑った(人)

- 애가 생글생글 잘 **웃네요**. 참 귀여워요
  　　　― 네. 아무나 보고 잘 **웃어요**
  赤ちゃんがニコニコよく**笑います**ね. かわいいですね.
  　　　　　― ええ、だれに対してもよく**笑います**.
- 그 사람은 **웃을** 때 보조개가 예뻐요.
  あの人は**笑う**とき, エクボがかわいいですね.
- 역시 사람은 누구나 **웃는** 얼굴이 보기가 좋아요.
  やはり人の笑顔というのは素敵なものですね.

웃읍시다 笑おう	웃어요 笑います	웃어서 笑うので
웃으세요 お笑いになります	웃었습니다 笑いました	웃었어요 笑いました
웃으십시오 笑ってください	웃어 주십시오 笑ってください	웃어 주세요 笑ってください
웃으니까 笑うから	―	―
웃으려면 笑うためには	웃어 보십시오 笑ってみてください	웃어 보세요 笑ってみてください
웃을 거예요 笑うでしょう	웃어도 됩니다 笑ってもいいです	웃어도 돼요 笑ってもいいです
웃을 수 있어요 笑うことができます	웃어야 합니다 笑わなければなりません	웃어야 해요 笑わなければなりません
웃을 것 같아요 笑いそうです	웃었는데 笑ったけど	웃었을 (때) 笑った(とき)
웃으려고 해요 笑おうとします	웃으러 갑니다 笑いに行きます	웃으러 가요 笑いに行きます
웃은 것 같아요 笑ったようです	웃으면 됩니다 笑えばいいです	웃으면 돼요 笑えばいいです
웃을 (때) 笑う(とき)	웃은 적이 있습니다 笑ったことがあります	웃은 적이 있어요 笑ったことがあります

읽다 　　読む

[iᵏ²a イクタ]　Ⅰ 읽-, Ⅱ 읽으-, Ⅲ 읽어-

- 「声に出して読む」は「소리를 내서 읽다」.
- 「漫画を読む」は「만화를 보다」と言う.

읽겠습니다 読みます	읽겠어요 読みます	읽습니다 読みます
읽죠? 読むでしょう?	읽네요 読みますね	읽으십니다 お読みになります
읽고 読むし	읽는데 読むけど	읽을까요? 読みましょうか?
읽지 않습니다 読みません	읽지 않아요 読みません	읽으면 読めば
읽지 마십시오 読まないでください	읽지 마세요 読まないでください	읽으면서 読みながら
읽고 있습니다 読んでいます	읽고 있어요 読んでいます	읽을 겁니다 読むでしょう
읽고 싶습니다 読みたいです	읽고 싶어요 読みたいです	읽을 수 있습니다 読むことができます
읽는 것 같습니다 読むようです	읽는 것 같아요 読むようです	읽을 것 같습니다 読みそうです
읽기 전에 読む前に	읽게 読むように	읽으려고 합니다 読もうと思っています
읽는 (사람) 読む (人)	읽지 않는 (사람) 読まない (人)	읽은 것 같습니다 読んだようです
읽지 않은 (사람) 読まなかった (人)	읽지 않을 (사람) 読まない (人)	읽은 (사람) 読んだ (人)

- 자기 전에 언제나 책을 좀 읽고 자요.
  寝る前にいつも本を**読んでから**, 寝ます
- 그 소설 저도 읽었는데 정말 재밌어요.
  私もあの小説**読んだ**のですが, 本当におもしろいです.
- 전 책만 읽으면 졸려요.
  私は, とにかく本を**読む**と, 眠くなります.
- 외국어 공부는 소리 내서 많이 읽는 게 좋아요.
  外国語の勉強は, 声に出してたくさん**読む**のがいいですよ.

읽읍시다	읽어요	읽어서
読もう	読みます	読むので
읽으세요	읽었습니다	읽었어요
お読みになります	読みました	読みました
읽으십시오	읽어 주십시오	읽어 주세요
読んでください	読んでください	読んでください
읽으니까	읽어 드리겠습니다	읽어 드릴까요?
読むから	読んでさしあげます	読んでさしあげましょうか？
읽으려면	읽어 보십시오	읽어 보세요
読むためには	読んでみてください	読んでみてください
읽을 거예요	읽어도 됩니다	읽어도 돼요
読むでしょう	読んでもいいです	読んでもいいです
읽을 수 있어요	읽어야 합니다	읽어야 해요
読むことができます	読まなければなりません	読まなければなりません
읽을 것 같아요	읽었는데	읽었을 (때)
読みそうです	読んだけど	読んだ(とき)
읽으려고 해요	읽으러 갑니다	읽으러 가요
読もうと思っています	読みに行きます	読みに行きます
읽은 것 같아요	읽으면 됩니다	읽으면 돼요
読んだようです	読めばいいです	読めばいいです
읽을 (때)	읽은 적이 있습니다	읽은 적이 있어요
読む(とき)	読んだことがあります	読んだことがあります

입다 着る

[i$^{p?}$ta イプタ] Ⅰ 입-, Ⅱ 입으-, Ⅲ 입어-

- 치마(スカート)や바지(ズボン)などは입다と言う. 신다(履く)とは言わない.
- 「着ています」は「입고 있다」または「입었다」.

입겠습니다 着ます	입겠어요 着ます	입습니다 着ます
입죠? 着るでしょう?	입네요 着ますね	입으십니다 お召しになります
입고 着るし	입는데 着るけど	입을까요? 着ましょうか?
입지 않습니다 着ません	입지 않아요 着ません	입으면 着れば
입지 마십시오 着ないでください	입지 마세요 着ないでください	입으면서 着ながら
입고 있습니다 着ています	입고 있어요 着ています	입을 겁니다 着るでしょう
입고 싶습니다 着たいです	입고 싶어요 着たいです	입을 수 있습니다 着ることができます
입는 것 같습니다 着るようです	입는 것 같아요 着るようです	입을 것 같습니다 着そうです
입기 전에 着る前に	입게 着るように	입으려고 합니다 着ようと思っています
입는 (사람) 着る(人)	입지 않는 (사람) 着ない(人)	입은 것 같습니다 着たようです
입지 않은 (사람) 着なかった(人)	입지 않을 (사람) 着ない(人)	입은 (사람) 着た(人)

- 오늘은 날씨가 추우니까 따뜻하게 **입고** 나가세요.
  今日は寒いから, 暖かくして出かけてください
- 이거 좀 **입어 봐도** 돼요?
  これ, **試着しても**いいですか？
- 저기 청바지 **입고 있는** 사람 아시죠?
  あそこのジーンズを**履いている**人ご存知ですよね？
- 치마를 **입으면** 일할 때 불편해서 전 주로 바지를 **입어요**.
  スカートを**履くと**, 仕事のとき不便なので, 私は主にズボンを**履きます**.

입읍시다 着よう	입어요 着ます	입어서 着るので
입으세요 お召しになります	입었습니다 着ました	입었어요 着ました
입으십시오 着てください	입어 주십시오 着てください	입어 주세요 着てください
입으니까 着るから	—	—
입으려면 着るためには	입어 보십시오 着てみてください	입어 보세요 着てみてください
입을 거예요 着るでしょう	입어도 됩니다 着てもいいです	입어도 돼요 着てもいいです
입을 수 있어요 着ることができます	입어야 합니다 着なければなりません	입어야 해요 着なければなりません
입을 것 같아요 着そうです	입었는데 着たけど	입었을 (때) 着た(とき)
입으려고 해요 着ようと思っています	입으러 갑니다 着に行きます	입으러 가요 着に行きます
입은 것 같아요 着たようです	입으면 됩니다 着ればいいです	입으면 돼요 着ればいいです
입을 (때) 着る(とき)	입은 적이 있습니다 着たことがあります	입은 적이 있어요 着たことがあります

자다　寝る

[tʃada　チャダ]　Ⅰ Ⅱ Ⅲ　자-

- 「昼寝をする」は「낮잠(을) 자다」.「寝坊する」は「늦잠(을) 자다」
- 「ぐっすり寝る」は「푹 자다」.「一睡もできない」は「한숨도 못 자다」. 자다の尊敬形은 주무시다.

자겠습니다 寝ます	자겠어요 寝ます	잡니다 寝ます
자죠? 寝るでしょう？	자네요 寝ますね	주무십니다 お休みになります
자고 寝るし	자는데 寝るけど	잘까요? 寝ましょうか？
자지 않습니다 寝ません	자지 않아요 寝ません	자면 寝れば
주무시지 마십시오 お休みにならないでください	주무시지 마세요 お休みにならないでください	자면서 寝ながら
자고 있습니다 寝ています	자고 있어요 寝ています	잘 겁니다 寝るでしょう
자고 싶습니다 寝たいです	자고 싶어요 寝たいです	잘 수 있습니다 寝ることができます
자는 것 같습니다 寝るようです	자는 것 같아요 寝るようです	잘 것 같습니다 寝そうです
자기 전에 寝る前に	자게 寝るように	자려고 합니다 寝ようと思っています
자는 (사람) 寝る(人)	자지 않는 (사람) 寝ない(人)	잔 것 같습니다 寝たようです
자지 않은 (사람) 寝なかった(人)	자지 않을 (사람) 寝ない(人)	잔 (사람) 寝た(人)

● 일요일 아침은 언제나 늦잠을 **자요**.
　日曜日の朝はいつも寝坊します.
● 낮잠을 너무 많이 **잤어요**. 한 세 시간은 **잔 것 같아요**.
　昼寝が長すぎました. たぶん3時間は**寝たようです**.
● 어제 한숨도 못 **자서** 지금 너무 졸려요.
　昨日は一睡もできなかったので, いまとても眠いです.
● 저는 잠 **잘** 때가 제일 행복해요.
　私は**寝る**ときが一番幸せです.

잡시다 寝よう	자요 寝ます	자서 寝るので
주무세요 お休みになります	잤습니다 寝ました	잤어요 寝ました
주무십시오 お休みになってください	―	―
자니까 寝るから	―	―
자려면 寝るためには	주무셔 보십시오 お休みになってみてください	주무셔 보세요 お休みになってみてください
잘 거예요 寝るでしょう	자도 됩니다 寝てもいいです	자도 돼요 寝てもいいです
잘 수 있어요 寝ることができます	자야 합니다 寝なければなりません	자야 해요 寝なければなりません
잘 것 같아요 寝そうです	잤는데 寝たけど	잤을 (때) 寝た (とき)
자려고 해요 寝ようと思っています	자러 갑니다 寝に行きます	자러 가요 寝に行きます
잔 것 같아요 寝たようです	자면 됩니다 寝ればいいです	자면 돼요 寝ればいいです
잘 (때) 寝る (とき)	잔 적이 있습니다 寝たことがあります	잔 적이 있어요 寝たことがあります

잡다   つかむ. つかまえる

[tʃapʔta チャプタ] Ⅰ 잡-, Ⅱ 잡으-, Ⅲ 잡아-

- 「기회를 잡다」는 「チャンスをつかむ」.
- 「손(을) 잡다」는 「手をつなぐ」.「手(を)つないで歩きます」는 「손(을) 잡고 걸어요」 또는 「손(을) 잡고 가요」.

잡겠습니다 つかみます	잡겠어요 つかみます	잡습니다 つかみます
잡죠? つかむでしょう?	잡네요 つかみますね	잡으십니다 つかんでいらっしゃいます
잡고 つかむし	잡는데 つかむけど	잡을까요? つかみましょうか?
잡지 않습니다 つかみません	잡지 않아요 つかみません	잡으면 つかめば
잡지 마십시오 つかまないでください	잡지 마세요 つかまないでください	잡으면서 つかみながら
잡고 있습니다 つかんでいます	잡고 있어요 つかんでいます	잡을 겁니다 つかむでしょう
잡고 싶습니다 つかみたいです	잡고 싶어요 つかみたいです	잡을 수 있습니다 つかむことができます
잡는 것 같습니다 つかむようです	잡는 것 같아요 つかむようです	잡을 것 같습니다 つかみそうです
잡기 전에 つかむ前に	잡게 つかむように	잡으려고 합니다 つかもうと思っています
잡는 (사람) つかむ(人)	잡지 않는 (사람) つかまない(人)	잡은 것 같습니다 つかんだようです
잡지 않은 (사람) つかまなかった(人)	잡지 않을 (사람) つかまない(人)	잡은 (사람) つかんだ(人)

- 처음으로 낚시를 갔는데 저도 한 마리 **잡았어요**.
  はじめてつりに行ったんですが, 私も一匹**つりました**.
- 한국에선 여자들끼리도 손 **잡고** 잘 다녀요.
  韓国では女性同士でも手を**つないで**町を歩きます.
- 버스가 많이 흔들리니까 손잡이를 **잡으세요**.
  バスが大きく揺れるので, つり革を**つかんでください**.
- 그 범인을 **잡은** 은행원이 시민상을 탔어요.
  あの犯人を**つかまえた**銀行員が市民賞をもらいました.

잡읍시다 つかもう	잡아요 つかみます	잡아서 つかむので
잡으세요 つかんでいらっしゃいます	잡았습니다 つかまりました	잡았어요 つかまりました
잡으십시오 つかんでください	잡아 주십시오 つかんでください	잡아 주세요 つかんでください
잡으니까 つかむから	잡아 드리겠습니다 つかんでさしあげます	잡아 드릴까요? つかんでさしあげましょうか?
잡으려면 つかむためには	잡아 보십시오 つかんでみてください	잡아 보세요 つかんでみてください
잡을 거예요 つかむでしょう	잡아도 됩니다 つかんでもいいです	잡아도 돼요 つかんでもいいです
잡을 수 있어요 つかむことができます	잡아야 합니다 つかまなければなりません	잡아야 해요 つかまなければなりません
잡을 것 같아요 つかみそうです	잡았는데 つかんだけど	잡았을 (때) つかんだ (とき)
잡으려고 해요 つかもうと思っています	잡으러 갑니다 つかみに行きます	잡으러 가요 つかみに行きます
잡은 것 같아요 つかんだようです	잡으면 됩니다 つかめばいいです	잡으면 돼요 つかめばいいです
잡을 (때) つかむ (とき)	잡은 적이 있습니다 つかんだことがあります	잡은 적이 있어요 つかんだことがあります

잡수시다　召し上がる

[tʃaᵖsuʃida　チャプスシダ]　Ⅰ,Ⅱ 잡수시-,　Ⅲ 잡수세-,　잡수셔-

● 「召し上がる」は잡수시다より드시다がより多く用いられる.「召し上がってください」は「잡수세요」.「召し上がってみてください」は「잡숴보세요」と,「잡숴」の形を用いる.

잡수시겠습니다 召し上がるでしょう	잡수시겠어요 召し上がるでしょう	잡수십니다 召し上がります
잡수시죠? 召し上がるでしょう?	잡수시네요 召し上がりますね	—
잡수시고 召し上がるし	잡수시는데 召し上がるけど	잡수실까요? 召し上がるでしょうか?
잡수시지 않습니다 召し上がりません	잡수시지 않아요 召し上がりません	잡수시면 召し上がれば
잡수시지 마십시오 召し上がらないでください	잡수시지 마세요 召し上がらないでください	잡수시면서 召し上がりながら
잡수시고 계십니다 召し上がっていらっしゃいます	잡수시고 계세요 召し上がっていらっしゃいます	잡수실 겁니다 召し上がるでしょう
—	—	잡수실 수 있습니다 召し上がることができます
잡수시는 것 같습니다 召し上がるようです	잡수시는 것 같아요 召し上がるようです	잡수실 것 같습니다 召し上がりそうです
잡수시기 전에 召し上がる前に	잡수시게 召し上がるように	잡수시려고 합니다 召し上がろうとします
잡수시는 (분) 召し上がる(方)	잡수시지 않는 (분) 召し上がらない(方)	잡수신 것 같습니다 召し上がったようです
잡수시지 않은 (분) 召し上がらなかった(方)	잡수시지 않을 (분) 召し上がらない(方)	잡수신 (분) 召し上がった(方)

- 점심 잡수셨어요?
    お昼召し上がりましたか？
- 그 때 한국에서 잡수신 거 생각나세요?
    あのとき韓国で召し上がったもの，覚えていらっしゃいますか？
- 아침에는 주로 뭘 잡수세요?
    朝は主に何を召し上がるんですか？
- 케이크 좀 잡수시겠어요?
    ケーキを少し召し上がりますか？

	잡수세요 召し上がります	잡수셔서 召し上がるので
—	잡수셨습니다 召し上がりました	잡수셨어요 召し上がりました
잡수십시오 召し上がってください	잡숴 주십시오 召し上がってください	잡숴 주세요 召し上がってください
잡수시니까 召し上がるから	—	—
잡수시려면 召し上がるためには	잡숴 보십시오 召し上がってみてください	잡숴 보세요 召し上がってみてください
잡수실 거예요 召し上がるでしょう	잡수셔도 됩니다 召し上がってもいいです	잡수셔도 돼요 召し上がってもいいです
잡수실 수 있어요 召し上がることができます	잡수셔야 합니다 召し上がらなければなりません	잡수셔야 해요 召し上がらなければなりません
잡수실 것 같아요 召し上がりそうです	잡수셨는데 召し上がったけど	잡수셨을 (때) 召し上がった(とき)
잡수시려고 해요 召し上がろうとします	잡수시러 갑니다 召し上がりに行きます	잡수시러 가요 召し上がりに行きます
잡수신 것 같아요 召し上がったようです	잡수시면 됩니다 召し上がればいいです	잡수시면 돼요 召し上がればいいです
잡수실 (때) 召し上がる(とき)	잡수신 적이 있습니다 召し上がったことがあります	잡수신 적이 있어요 召し上がったことがあります

주다　　あげる. くれる. やる

[tʃuda　チュダ]　Ⅰ Ⅱ 주-, Ⅲ주어-/줘-

- 「Ⅲ 주다」で「…してあげる」「…してくれる」「…してやる」となる.
- 「…してください」は「Ⅲ 주십시오」「Ⅲ 주세요」.「…していただけますか」は「Ⅲ 주시겠습니까?」「Ⅲ 주시겠어요?」.

주겠습니다 あげます	주겠어요 あげます	줍니다 あげます
주죠? あげるでしょう？	주네요 あげますね	주십니다 おあげになります
주고 あげるし	주는데 あげるけど	줄까요? あげましょうか？
주지 않습니다 あげません	주지 않아요 あげません	주면 あげれば
주지 마십시오 あげないでください	주지 마세요 あげないでください	주면서 あげながら
주고 있습니다 あげています	주고 있어요 あげています	줄 겁니다 あげるでしょう
주고 싶습니다 あげたいです	주고 싶어요 あげたいです	줄 수 있습니다 あげることができます
주는 것 같습니다 あげるようです	주는 것 같아요 あげるようです	줄 것 같습니다 あげそうです
주기 전에 あげる前に	주게 あげるように	주려고 합니다 あげようと思っています
주는 (사람) あげる (人)	주지 않는 (사람) あげない (人)	준 것 같습니다 あげたようです
주지 않은 (사람) あげなかった (人)	주지 않을 (사람) あげない (人)	준 (사람) あげた (人)

● 제 친구는 사람한테 뭐든지 **주는** 걸 좋아해요.
　私の友だちは，人にものを**あげる**のが好きなんですよ.
● 이거 정말 저 **주시**는 거예요? 정말 고맙습니다.
　これ本当に私に**くださる**のですか？本当にありがとうございます.
● 왜요? 잘 안돼요? 이리 한번 **줘** 보세요.
　どうしたんですか？うまくいかないんですか？ちょっと貸してください.
● 일요일엔 제가 꽃에 물도 **주고** 청소도 해야 해요.
　日曜日は，私がお花に水も**やり**，掃除もしなければなりません.

줍시다 あげよう	줘요 あげます	줘서 あげるので
주세요 おあげになります	줬습니다 あげました	줬어요 あげました
주십시오 おあげください	―	―
주니까 あげるから	―	―
주려면 あげるためには	줘 보십시오 あげてみてください	줘 보세요 あげてみてください
줄 거예요 あげるでしょう	줘도 됩니다 あげてもいいです	줘도 돼요 あげてもいいです
줄 수 있어요 あげることができます	줘야 합니다 あげなければなりません	줘야 해요 あげなければなりません
줄 것 같아요 あげそうです	줬는데 あげたけど	줬을 (때) あげた (とき)
주려고 해요 あげようと思っています	주러 갑니다 あげに行きます	주러 가요 あげに行きます
준 것 같아요 あげたようです	주면 됩니다 あげればいいです	주면 돼요 あげればいいです
줄 (때) あげる(とき)	준 적이 있습니다 あげたことがあります	준 적이 있어요 あげたことがあります

주무시다　お休みになる

[tʃumuʃida　チュムシダ]　ⅠⅡ 주무시-, Ⅲ 주무셔-/주무세-

- 「자다」(寝る)の尊敬形.
- 「休む」は「쉬다」. 尊敬形は「쉬시다」(お休みになる).
- 「お休みなさい」は「안녕히 주무세요」.

주무시겠습니다	주무시겠어요	주무십니다
お休みになるでしょう	お休みになるでしょう	お休みになります
주무시죠?	주무시네요	―
お休みになるでしょう?	お休みになりますね	
주무시고	주무시는데	주무실까요?
お休みになるし	お休みになるけど	お休みになるでしょうか?
주무시지 않습니다	주무시지 않아요	주무시면
お休みになりません	お休みになりません	お休みになれば
주무시지 마십시오	주무시지 마세요	주무시면서
お休みにならないでください	お休みにならないでください	お休みになりながら
주무시고 계십니다	주무시고 계세요	주무실 겁니다
眠っていらっしゃいます	眠っていらっしゃいます	お休みになるでしょう
―	―	주무실 수 있습니다
		お休みになることができます
주무시는 것 같습니다	주무시는 것 같아요	주무실 것 같습니다
お休みになっているようです	お休みになっているようです	お眠りになりそうです
주무시기 전에	주무시게	주무시려고 합니다
お休みになる前に	お休みになるように	お休みになろうとします
주무시는 (분)	주무시지 않는 (분)	주무신 것 같습니다
お休みになる(方)	お休みにならない(方)	お休みになったようです
주무시지 않은 (분)	주무시지 않을 (분)	주무신 (분)
お休みならなかった(方)	お休みにならない(人)	お休みになった(方)

- 그럼 안녕히 주무세요.
    ではお休みなさい.
- 밤 늦게 전화 드려서 죄송해요. **주무시지 않으셨어요?**
    夜分遅くにお電話差し上げて、すみません. **お休みではなかったでしょうか？**
- 안녕히 **주무셨어요?**
    よく**お休みになりましたか？**（おはようございます）
- 아버님은 지금 주무시는 것 같은데요.
    お父さんは今眠っていらっしゃるようです.

	주무세요 お休みになります	주무셔서 お休みになるので
—	주무셨습니다 お休みになりました	주무셨어요 お休みになりました
주무십시오 お休みになってください	—	—
주무시니까 お休みになるから	—	—
주무시려면 お休みになるためには	주무셔 보십시오 お休みになってください	주무셔 보세요 お休みになってください
주무실 거예요 お休みになるでしょう	주무셔도 됩니다 お休みになってもいいです	주무셔도 돼요 お休みになってもいいです
주무실 수 있어요 お休みになることができます	주무셔야 합니다 お休みにならなければなりません	주무셔야 해요 お休みにならなければなりません
주무실 것 같아요 お休みになりそうです	주무셨는데 お休みになったけど	주무셨을 (때) お休みになった（とき）
주무시려고 해요 お休みになろうとします	주무시러 갑니다 お休みに行きます	주무시러 가요 お休みに行きます
주무신 것 같아요 お休みになったようです	주무시면 됩니다 お休みになればいいです	주무시면 돼요 お休みになればいいです
주무실 (때) お休みになる（とき）	주무신 적이 있습니다 お休みになったことがあります	주무신 적이 있어요 お休みになったことがあります

지다　　負ける. 散る

[tʃida チダ]　Ⅰ Ⅱ 지-, Ⅲ 져-

- 「試合に負ける」(시합에 지다).「あの人に負ける」(그 사람한테 지다)のように用いる.
- 「値引きする」という意味としては使わない.

지겠습니다	지겠어요	집니다
負けるでしょう	負けるでしょう	負けます
지죠?	지네요	지십니다
負けるでしょう？	負けますね	負けられます
지고	지는데	질까요?
負けるし	負けるけど	負けるでしょうか
지지 않습니다	지지 않아요	지면
負けません	負けません	負ければ
지지 마십시오	지지 마세요	지면서
負けないでください	負けないでください	負けながら
지고 있습니다	지고 있어요	질 겁니다
負けています	負けています	負けるでしょう
지고 싶습니다	지고 싶어요	질 수 있습니다
負けたいです	負けたいです	負けることもあり得ます
지는 것 같습니다	지는 것 같아요	질 것 같습니다
負けるようです	負けるようです	負けそうです
지기 전에	지게	지려고 합니다
負ける前に	負けるように	負けようとします
지는 (사람)	지지 않는 (사람)	진 것 같습니다
負ける (人)	負けない (人)	負けたようです
지지 않은 (사람)	지지 않을 (사람)	진 (사람)
負けなかった (人)	負けない (人)	負けた (人)

- 어제 축구 일 대 영으로 **졌어요**.
  昨日のサッカーは1対0で**負けました**.
- 저는 학교 다닐 때 달리기는 **진 적이 없어요**.
  私は学生時代, 走りでは**負けたことがありません**.
- 오늘 시합에 **지면** 우승은 못해요.
  今日の試合に**負けると**, 優勝はできません.
- 게임에 **진** 사람이 점심을 사는 거 어때요
  ゲームに**負けた**人がお昼をおごるのはどうですか？

집시다 負けよう	져요 負けます	져서 負けるので
지세요 負けられます	졌습니다 負けました	졌어요 負けました
지십시오 負けてください	져 주십시오 負けてください	져 주세요 負けてください
지니까 負けるから	져 드리겠습니다 負けてさしあげます	져 드릴까요? 負けてさしあげましょうか?
지려면 負けるためには	져 보십시오 負けてみてください	져 보세요 負けてみてください
질 거예요 負けるでしょう	져도 됩니다 負けてもいいです	져도 돼요 負けてもいいです
질 수 있어요 負けることもあり得ます	져야 합니다 負けなければなりません	져야 해요 負けなければなりません
질 것 같아요 負けそうです	졌는데 負けたけど	졌을 (때) 負けた (とき)
지려고 해요 負けようとします	—	—
진 것 같아요 負けたようです	지면 됩니다 負ければいいです	지면 돼요 負ければいいです
질 (때) 負ける (とき)	진 적이 있습니다 負けたことがあります	진 적이 있어요 負けたことがあります

찍다 撮る．(判を)押す．つける

[ˀtʃiˀta チクタ] I 찍-, II 찍으-, III 찍어-

● 「…につけて食べる」は「…에 찍어(서) 먹다」．「醤油につけて食べる」は「간장에 찍어(서) 먹다」．

찍겠습니다 撮ります	찍겠어요 撮ります	찍습니다 撮ります
찍죠? 撮るでしょう？	찍네요 撮りますね	찍으십니다 お撮りになります
찍고 撮るし	찍는데 撮るけど	찍을까요? 撮りましょうか？
찍지 않습니다 撮りません	찍지 않아요 撮りません	찍으면 撮れば
찍지 마십시오 撮らないでください	찍지 마세요 撮らないでください	찍으면서 撮りながら
찍고 있습니다 撮っています	찍고 있어요 撮っています	찍을 겁니다 撮るでしょう
찍고 싶습니다 撮りたいです	찍고 싶어요 撮りたいです	찍을 수 있습니다 撮ることができます
찍는 것 같습니다 撮るようです	찍는 것 같아요 撮るようです	찍을 것 같습니다 撮りそうです
찍기 전에 撮る前に	찍게 撮るように	찍으려고 합니다 撮ろうと思っています
찍는 (사람) 撮る (人)	찍지 않는 (사람) 撮らない (人)	찍은 것 같습니다 撮ったようです
찍지 않은 (사람) 撮らなかった (人)	찍지 않을 (사람) 撮らない (人)	찍은 (사람) 撮った (人)

- 저, 사진 좀 **찍어** 주시겠어요?
  あの, 写真を**撮って**いただけますか？
- 지금 **찍은** 사진 메일로 보내 드리겠습니다.
  今**撮った**写真, メールでお送りいたします.
- 전 경치 **찍는** 걸 좋아해요.
  私は, 景色を**撮る**のが好きです.
- 여기서 다 같이 사진 한 장 **찍죠**.
  ここで皆で写真一枚**撮りましょう**.

찍읍시다	찍어요	찍어서
撮ろう	撮ります	撮るので
찍으세요	찍었습니다	찍었어요
お撮りになります	撮りました	撮りました
찍으십시오	찍어 주십시오	찍어 주세요
撮ってください	撮ってください	撮ってください
찍으니까	찍어 드리겠습니다	찍어 드릴까요?
撮るから	撮ってさしあげます	撮ってさしあげましょうか?
찍으려면	찍어 보십시오	찍어 보세요
撮るためには	撮ってみてください	撮ってみてください
찍을 거예요	찍어도 됩니다	찍어도 돼요
撮るでしょう	撮ってもいいです	撮ってもいいです
찍을 수 있어요	찍어야 합니다	찍어야 해요
撮ることができます	撮らなければなりません	撮らなければなりません
찍을 것 같아요	찍었는데	찍었을 (때)
撮りそうです	撮ったけど	撮った(とき)
찍으려고 해요	찍으러 갑니다	찍으러 가요
撮ろうと思っています	撮りに行きます	撮りに行きます
찍은 것 같아요	찍으면 됩니다	찍으면 돼요
撮ったようです	撮ればいいです	撮ればいいです
찍을 (때)	찍은 적이 있습니다	찍은 적이 있어요
撮る(とき)	撮ったことがあります	撮ったことがあります

찾다 ①探す. 見つける ②(お金を)おろす

[tʃʰaʔta チャッタ] Ⅰ 찾-, Ⅱ 찾으-, Ⅲ 찾아-

- 過去形찾았다는「探した」または「見つけた」「見つかった」.
- 「部屋を探す」は「방을 구하다」.「세탁소에 맡긴 옷을 찾아 오다」は「クリーニングに出した服をとって来る」.

찾겠습니다 探します	찾겠어요 探します	찾습니다 探します
찾죠? 探すでしょう?	찾네요 探しますね	찾으십니다 お探しになります
찾고 探すし	찾는데 探すけど	찾을까요? 探しましょうか?
찾지 않습니다 探しません	찾지 않아요 探しません	찾으면 探せば
찾지 마십시오 探さないでください	찾지 마세요 探さないでください	찾으면서 探しながら
찾고 있습니다 探しています	찾고 있어요 探しています	찾을 겁니다 探すでしょう
찾고 싶습니다 探したいです	찾고 싶어요 探したいです	찾을 수 있습니다 探すことができます
찾는 것 같습니다 探すようです	찾는 것 같아요 探すようです	찾을 것 같습니다 探しそうです
찾기 전에 探す前に	찾게 探すように	찾으려고 합니다 探そうと思っています
찾는 (사람) 探す(人)	찾지 않는 (사람) 探さない(人)	찾은 것 같습니다 探したようです
찾지 않은 (사람) 探さなかった(人)	찾지 않을 (사람) 探さない(人)	찾은 (사람) 探した(人)

- 휴대폰이 아무리 **찾아도** 없어요.
  携帯がいくら**探しても**, ありません.
- 세탁소에 가서 옷 좀 **찾아** 오겠습니다.
  クリーニング屋へ行って, 服**をとって**来ます.
- 돈 좀 **찾아야** 하는데 어디 현금 인출기 없을까요?
  お金**おろさなきゃならない**んですが, どこか ATM ないでしょうか?
- 핸드폰 **찾으셨네요**? 어디 있었어요?
  携帯**見つかりましたね**. どこにあったんですか?

찾읍시다 探そう	찾아요 探します	찾아서 探すので
찾으세요 お探しになります	찾았습니다 探しました	찾았어요 探しました
찾으십시오 探してください	찾아 주십시오 探してください	찾아 주세요 探してください
찾으니까 探すから	찾아 드리겠습니다 探してさしあげます	찾아 드릴까요? 探してさしあげましょうか?
찾으려면 探すためには	찾아 보십시오 探してみてください	찾아 보세요 探してみてください
찾을 거예요 探すでしょう	찾아도 됩니다 探してもいいです	찾아도 돼요 探してもいいです
찾을 수 있어요 探すことができます	찾아야 합니다 探さなければなりません	찾아야 해요 探さなければなりません
찾을 것 같아요 探しそうです	찾았는데 探したけど	찾았을 (때) 探した(とき)
찾으려고 해요 探そうと思っています	찾으러 갑니다 探しに行きます	찾으러 가요 探しに行きます
찾은 것 같아요 探したようです	찾으면 됩니다 探せばいいです	찾으면 돼요 探せばいいです
찾을 (때) 探す(とき)	찾은 적이 있습니다 探したことがあります	찾은 적이 있어요 探したことがあります

치다   打つ.（ギターやピアノを）弾く

[tʃʰida チダ] Ⅰ Ⅱ 치-, Ⅲ 쳐-

- 「メールを打つ」とは言わない.「메일을 보내다」(メールを送る).
- 「테니스(テニス)」は「테니스(를) 치다」(テニス(を)打つ)または「테니스(를) 하다」(テニス(を)する).

치겠습니다	치겠어요	칩니다
打ちます	打ちます	打ちます
치죠?	치네요	치십니다
打つでしょう？	打ちますね	お打ちなります
치고	치는데	칠까요?
打つし	打つけど	打ちましょうか？
치지 않습니다	치지 않아요	치면
打ちません	打ちません	打てば
치지 마십시오	치지 마세요	치면서
打たないでください	打たないでください	打ちながら
치고 있습니다	치고 있어요	칠 겁니다
打っています	打っています	打つでしょう
치고 싶습니다	치고 싶어요	칠 수 있습니다
打ちたいです	打ちたいです	打つことができます
치는 것 같습니다	치는 것 같아요	칠 것 같습니다
打つようです	打つようです	打ちそうです
치기 전에	치게	치려고 합니다
打つ前に	打つように	打とうと思っています
치는 (사람)	치지 않는 (사람)	친 것 같습니다
打つ(人)	打たない(人)	打ったようです
치지 않은 (사람)	치지 않을 (사람)	친 (사람)
打たなかった(人)	打たない(人)	打った(人)

● 어, 기타 **치세요**? — 아니, 잘 못 **쳐요**.
　あれ、ギターを**お弾きになるんですか**？
　　　— いいえ、あまり上手に**弾けません**.
● 전엔 제가 피아노를 자주 **쳤는데** 지금은 아무도 **치는** 사람이 없어요. 前は私がピアノをしょっちゅう**弾いていたけど**, 今は 誰も**弾く**人がいません.
● 애들은 서로 **치면서** 장난도 하고 그래요.
　子どもって互いに**叩いて**, ふざけてたりするもんですよ.

칩시다 打とう	쳐요 打ちます	쳐서 打つので
치세요 お打ちになります	쳤습니다 打ちました	쳤어요 打ちました
치십시오 打ってください	쳐 주십시오 打ってください	쳐 주세요 打ってください
치니까 打つから	쳐 드리겠습니다 打ってさしあげます	쳐 드릴까요? 打ってさしあげましょうか?
치려면 打つためには	쳐 보십시오 打ってみてください	쳐 보세요 打ってみてください
칠 거예요 打つでしょう	쳐도 됩니다 打ってもいいです	쳐도 돼요 打ってもいいです
칠 수 있어요 打つことができます	쳐야 합니다 打たなければなりません	쳐야 해요 打たなければなりません
칠 것 같아요 打ちそうです	쳤는데 打ったけど	쳤을 (때) 打った(とき)
치려고 해요 打とうと思っています	치러 갑니다 打ちに行きます	치러 가요 打ちに行きます
친 것 같아요 打ったようです	치면 됩니다 打てばいいです	치면 돼요 打てばいいです
칠 (때) 打つ(とき)	친 적이 있습니다 打ったことがあります	친 적이 있어요 打ったことがあります

켜다 （電気を）つける

[kʰjɔda キョダ]しばしば[kʰida キダ]　Ⅰ Ⅱ Ⅲ 켜-

● 「電気をつける」は「불(을) 켜다」。「テレビをつける」は「텔레비전(을) 켜다」。
● 「エアコンをつける」は「에어콘을 켜다」または「에어콘을 틀다」。

켜겠습니다 つけます	켜겠어요 つけます	켭니다 つけます
켜죠? つけるでしょう？	켜네요 つけますね	켜십니다 おつけになります
켜고 つけるし	켜는데 つけるけど	켤까요? つけましょうか？
켜지 않습니다 つけません	켜지 않아요 つけません	켜면 つければ
켜지 마십시오 つけないでください	켜지 마세요 つけないでください	켜면서 つけながら
켜고 있습니다 つけています	켜고 있어요 つけています	켤 겁니다 つけるでしょう
켜고 싶습니다 つけたいです	켜고 싶어요 つけたいです	켤 수 있습니다 つけることができます
켜는 것 같습니다 つけるようです	켜는 것 같아요 つけるようです	켤 것 같습니다 つけそうです
켜기 전에 つける前に	켜게 つけるように	켜려고 합니다 つけようと思っています
켜는 (사람) つける (人)	켜지 않는 (사람) つけない (人)	켠 것 같습니다 つけたようです
켜지 않은 (사람) つけなかった (人)	켜지 않을 (사람) つけない (人)	켠 (사람) つけた (人)

- 불을 **켤까요**? 좀 어두운 것 같죠?
    電気を**つけましょうか**？ ちょっと暗いですよね？
- 이 방은 햇빛이 안 들어와서 낮에도 불을 **켜야 해요**.
    この部屋は日当たりが悪くて，昼にも電気を**つけなければなりません**．
- 목욕탕에 불을 **켜도** 안 들어와요.
    お風呂で電気を**つけても**，つかないんです．
- 보통 아침에 일어나면 텔레비전부터 **켜지 않아요**?
    普通朝起きたら，まずテレビを**つけませんか**？

켭시다 つけよう	켜요 つけます	켜서 つけるので
켜세요 おつけになります	켰습니다 つけました	켰어요 つけました
켜십시오 つけてください	켜 주십시오 つけてください	켜 주세요 つけてください
켜니까 つけるから	켜 드리겠습니다 つけてさしあげます	켜 드릴까요? つけてさしあげましょうか？
켜려면 つけるためには	켜 보십시오 つけてみてください	켜 보세요 つけてみてください
켤 거예요 つけるでしょう	켜도 됩니다 つけてもいいです	켜도 돼요 つけてもいいです
켤 수 있어요 つけることができます	켜야 합니다 つけなければなりません	켜야 해요 つけなければなりません
켤 것 같아요 つけそうです	켰는데 つけたけど	켰을 (때) つけた（とき）
켜려고 해요 つけようと思っています	켜러 갑니다 つけに行きます	켜러 가요 つけに行きます
켠 것 같아요 つけたようです	켜면 됩니다 つければいいです	켜면 돼요 つければいいです
켤 (때) つける（とき）	켠 적이 있습니다 つけたことがあります	켠 적이 있어요 つけたことがあります

타다 ①乗る.（スキーなどを)する ②(お茶を)入れる

[tʰada タダ] Ⅰ Ⅱ Ⅲ 타-

- 「乗って行く」「乗って来る」は「타고 가다」.「타고 오다」.
- 「自転車通学をする」は「학교에 자전거(를) 타고 다니다」.
- 「커피(를) 타다」は「コーヒーを入れる」.

타겠습니다 乗ります	타겠어요 乗ります	탑니다 乗ります
타죠? 乗るでしょう?	타네요 乗りますね	타십니다 お乗りになります
타고 乗るし	타는데 乗るけど	탈까요? 乗りましょうか?
타지 않습니다 乗りません	타지 않아요 乗りません	타면 乗れば
타지 마십시오 乗らないでください	타지 마세요 乗らないでください	타면서 乗りながら
타고 있습니다 乗っています	타고 있어요 乗っています	탈 겁니다 乗るでしょう
타고 싶습니다 乗りたいです	타고 싶어요 乗りたいです	탈 수 있습니다 乗ることができます
타는 것 같습니다 乗るようです	타는 것 같아요 乗るようです	탈 것 같습니다 乗りそうです
타기 전에 乗る前に	타게 乗るように	타려고 합니다 乗ろうと思っています
타는 (사람) 乗る(人)	타지 않는 (사람) 乗らない(人)	탄 것 같습니다 乗ったようです
타지 않은 (사람) 乗らなかった(人)	타지 않을 (사람) 乗らない(人)	탄 (사람) 乗った(人)

- 신촌에 가려면 몇 번 버스를 **타야 해요**?
  新村に行くには何番バスに乗ればいいですか？
- 올 겨울엔 아직 스키 **타러** 못 갔어요.
  今年の冬はまだスキーにも行ってないんですよ.
- 서울에선 자전거 **타고 다니는** 사람 거의 없어요.
  ソウルでは自転車に乗ってる人ってあまりいません.
- 커피를 **탈 건데** 드시겠어요?
  コーヒーを入れますけど, 召し上がりますか？

탑시다 乗ろう	타요 乗ります	타서 乗るので
타세요 お乗りになります	탔습니다 乗りました	탔어요 乗りました
타십시오 乗ってください	타 주십시오 乗ってください	타 주세요 乗ってください
타니까 乗るから	타 드리겠습니다 乗ってさしあげます	타 드릴까요? 乗ってさしあげましょうか？
타려면 乗るためには	타 보십시오 乗ってみてください	타 보세요 乗ってみてください
탈 거예요 乗るでしょう	타도 됩니다 乗ってもいいです	타도 돼요 乗ってもいいです
탈 수 있어요 乗ることができます	타야 합니다 乗らなければなりません	타야 해요 乗らなければなりません
탈 것 같아요 乗りそうです	탔는데 乗ったけど	탔을 (때) 乗った (とき)
타려고 해요 乗ろうと思っています	타러 갑니다 乗りに行きます	타러 가요 乗りに行きます
탄 것 같아요 乗ったようです	타면 됩니다 乗ればいいです	타면 돼요 乗ればいいです
탈 (때) 乗る (とき)	탄 적이 있습니다 乗ったことがあります	탄 적이 있어요 乗ったことがあります

팔다 売る 【ㄹ活用】

[pʰalda パルダ] Ⅰ Ⅱ 팔-/파-, Ⅲ 팔아-

- 「표 파는 곳」は「切符売り場」.
- 「한눈을 팔다」は「上の空だ」.
- 「양심을 팔다」は「良心を売る」.

팔겠습니다 売ります	팔겠어요 売ります	팝니다 売ります
팔죠? 売るでしょう？	파네요 売りますね	파십니다 お売りになります
팔고 売るし	파는데 売るけど	팔까요? 売りましょうか？
팔지 않습니다 売りません	팔지 않아요 売りません	팔면 売れば
팔지 마십시오 売らないでください	팔지 마세요 売らないでください	팔면서 売りながら
팔고 있습니다 売っています	팔고 있어요 売っています	팔 겁니다 売るでしょう
팔고 싶습니다 売りたいです	팔고 싶어요 売りたいです	팔 수 있습니다 売ることができます
파는 것 같습니다 売っているようです	파는 것 같아요 売っているようです	팔 것 같습니다 売りそうです
팔기 전에 売る前に	팔게 売るように	팔려고 합니다 売ろうと思っています
파는 (사람) 売る (人)	팔지 않는 (사람) 売らない (人)	판 것 같습니다 売ったようです
팔지 않은 (사람) 売らなかった (人)	팔지 않을 (사람) 売らない (人)	판 (사람) 売った (人)

- 이 캔 커피는 아무데서나 잘 안 **팔아요**.
  この缶コーヒーはあまり**売っていない**んです．
- 이 백화점 지하에서 **파는** 김이 정말 맛있어요.
  このデパートの地下で**売っている**海苔が本当においしいです．
- 제가 아르바이트하는 빵집은 **팔고** 남는 건 우리가 가져요.
  私がアルバイトしているパン屋は，売り残りは私たちがもらうんです．
- 이 카페 전엔 케이크도 같이 **팔았는데** 지금은 없네요.
  このカフェ，前はケーキも一緒に**売っていた**けど，今はないですね．

팝시다 売ろう	팔아요 売ります	팔아서 売るので
파세요 お売りになります	팔았습니다 売りました	팔았어요 売りました
파십시오 売ってください	팔아 주십시오 売ってください	팔아 주세요 売ってください
파니까 売るから	팔아 드리겠습니다 売ってさしあげます	팔아 드릴까요? 売ってさしあげましょうか？
팔려면 売るためには	팔아 보십시오 売ってみてください	팔아 보세요 売ってみてください
팔 거예요 売るでしょう	팔아도 됩니다 売ってもいいです	팔아도 돼요 売ってもいいです
팔 수 있어요 売ることができます	팔아야 합니다 売らなければなりません	팔아야 해요 売らなければなりません
팔 것 같아요 売りそうです	팔았는데 売ったけど	팔았을 (때) 売った (とき)
팔려고 해요 売ろうと思っています	팔러 갑니다 売りに行きます	팔러 가요 売りに行きます
판 것 같아요 売ったようです	팔면 됩니다 売ればいいです	팔면 돼요 売ればいいです
팔 (때) 売る (とき)	판 적이 있습니다 売ったことがあります	판 적이 있어요 売ったことがあります

피다　咲く

[pʰida ピダ] Ⅰ Ⅱ 피-, Ⅲ 펴-

- 「花が咲く」は「꽃이 피다」.「활짝 피다」で「満開だ」.
- 「곰팡이가 피다」は「カビが生える」

피겠습니다 咲きそうです	피겠어요 咲きそうです	핍니다 咲きます
피죠? 咲くでしょう?	피네요 咲きますね	—
피고 咲くし	피는데 咲くけど	필까요? 咲くでしょうか?
피지 않습니다 咲きません	피지 않아요 咲きません	피면 咲けば
—	—	피면서 咲きながら
피고 있습니다 咲きつつあります	피고 있어요 咲きつつあります	필 겁니다 咲くでしょう
—	—	필 수 있습니다 咲くこともあり得ます
피는 것 같습니다 咲くみたいです	피는 것 같아요 咲くみたいです	필 것 같습니다 咲きそうです
피기 전에 咲く前に	피게 咲くように	피려고 합니다 咲こうとします
피는 (꽃) 咲く(花)	피지 않는 (꽃) 咲かない(花)	핀 것 같습니다 咲いたようです
피지 않은 (꽃) 咲かかった(花)	피지 않을 (꽃) 咲かない(花)	핀 (꽃) 咲いた(花)

- 올해는 따뜻해서 벚꽃이 벌써 **폈어요**.
  今年は暖かくて, 桜の花がもう**咲きました**.
- 이 길은 꽃이 **피면** 정말 멋있어요.
  この道は花が**咲くと**, 本当にきれいですよ.
- 한국에서는 봄에 **피는** 꽃 중에 뭐가 유명해요?
  韓国では春**咲く**花の中で何が有名ですか？
- 한국은 봄에 진달래하고 개나리가 **펴요**.
  韓国では春ツツジとレンギョウが**咲きます**.

	펴요 咲きます	펴서 咲くので
―	폈습니다 咲きました	폈어요 咲きました
―	―	―
피니까 咲くから	―	―
피려면 咲くためには	―	―
필 거예요 咲くでしょう	펴도 됩니다 咲いてもいいです	펴도 돼요 咲いてもいいです
필 수 있어요 咲くこともあり得ます	펴야 합니다 咲かなければなりません	펴야 해요 咲かなければなりません
필 것 같아요 咲きそうです	폈는데 咲いたけど	폈을 (때) 咲いた (とき)
피려고 해요 咲こうとします	―	―
핀 것 같아요 咲いたようです	피면 됩니다 咲けばいいです	피면 돼요 咲けばいいです
필 (때) 咲く (とき)	핀 적이 있습니다 咲いたことがあります	핀 적이 있어요 咲いたことがあります

하다   する. やる

[hada ハダ] ⅠⅡ 하-, Ⅲ 해-

● 「공부(를) 하다」는「勉強(を)する」.「일(을) 하다」는「仕事(を)する」.
「전화(를) 하다」는「電話(を)する」.
● 「노래(를) 하다」는「歌(を)歌う」.

하겠습니다 します	하겠어요 します	합니다 します
하죠? するでしょう？	하네요 しますね	하십니다 なさいます
하고 するし	하는데 するけど	할까요? しましょうか？
하지 않습니다 しません	하지 않아요 しません	하면 すれば
하지 마십시오 しないでください	하지 마세요 しないでください	하면서 しながら
하고 있습니다 しています	하고 있어요 しています	할 겁니다 するでしょう
하고 싶습니다 したいです	하고 싶어요 したいです	할 수 있습니다 することができます
하는 것 같습니다 するようです	하는 것 같아요 するようです	할 것 같습니다 しそうです
하기 전에 する前に	하게 するように	하려고 합니다 しようと思っています
하는 (사람) する(人)	하지 않는 (사람) しない(人)	한 것 같습니다 したようです
하지 않은 (사람) しなかった(人)	하지 않을 (사람) しない(人)	한 (사람) した(人)

- 이건 어떻게 **할까요**?
    これはどのように**しましょうか**？
- 담당을 각각 정해서 **하는** 게 좋지 않아요?
    それぞれ担当を決めて**やった**方がよくないですか？
- 오늘부터 운동을 좀 **하려고 해요**.
    今日から運動をちょっと**しようと思います**.
- 토요일에는 오전에만 일을 **하면 돼요**.
    土曜日には午前中だけ仕事を**すればいいです**.

합시다 しよう	해요 します	해서 するので
하세요 なさいます	했습니다 しました	했어요 しました
하십시오 してください	해 주십시오 してください	해 주세요 してください
하니까 するから	해 드리겠습니다 してさしあげます	해 드릴까요? してさしあげましょうか?
하려면 するためには	해 보십시오 してみてください	해 보세요 してみてください
할 거예요 するでしょう	해도 됩니다 してもいいです	해도 돼요 してもいいです
할 수 있어요 することができます	해야 합니다 しなければなりません	해야 해요 しなければなりません
할 것 같아요 しそうです	했는데 したけど	했을 (때) した(とき)
하려고 해요 しようと思っています	하러 갑니다 しに行きます	하러 가요 しに行きます
한 것 같아요 したようです	하면 됩니다 すればいいです	하면 돼요 すればいいです
할 (때) する(とき)	한 적이 있습니다 したことがあります	한 적이 있어요 したことがあります

없다   ない. いない   存在詞

[ɔːpʔta オープタ]　Ⅰ 없-, Ⅱ 없으-, Ⅲ 없어-

● 「いない」の尊敬形は, 계시다(いらっしゃる)の否定形の「안 계시다」あるいは「계시지 않다」となり,「ない」の尊敬形は「없으시다」(おありではない)となる.

없겠습니다 ないでしょう	없겠어요 ないでしょう	없습니다 ありません
없죠? ないでしょう?	없네요 ないですね	없으십니다 おありではありません
없고 ないし	없는데 ないけど	없을까요? ないでしょうか?
없지 않습니다 なくはないです	없지 않아요 なくはないです	없으면 なければ
—	—	없으면서 ないくせに
—	—	없을 겁니다 ないでしょう
—	—	없을 수 있습니다 ないこともあり得ます
없는 것 같습니다 ないようです	없는 것 같아요 ないようです	없을 것 같습니다 なさそうです
—	없게 ないように	—
없는 (사람) ない(人)	—	없었던 것 같습니다 なかったようです
—	—	없었던 (사람) なかった(人)

- 시간이 **없어서** 메일을 아직 못 봤어요.
  時間が**なくて**, まだメールを見ていないんです.
- 오늘 약속이 **없으시면** 식사 같이 안 하시겠어요?
  今日約束が**おありではなければ**, 食事一緒にしませんか？
- 시간이 **없어도** 식사는 꼭 하세요.
  時間が**なくても**, 食事は必ずなさってください.
- 시간이 **없으니까** 택시로 가죠.
  時間が**ないから**, タクシーで行きましょう.

	없어요 ありません	없어서 ないので
없으세요 おありではありません	없었습니다 ありませんでした	없었어요 ありませんでした
—	—	—
없으니까 ないから	—	—
—	—	—
없을 거예요 ないでしょう	없어도 됩니다 なくてもいいです	없어도 돼요 なくてもいいです
없을 수 있어요 ないこともあり得ます	없어야 합니다 ないべきです	없어야 해요 ないべきです
없을 것 같아요 なさそうです	없었는데 なかったけど	없었을 (때) なかった(とき)
—	—	—
없었던 것 같아요 なかったようです	없으면 됩니다 なければいいです	없으면 돼요 なければいいです
없을 (때) ない(とき)	—	—

있다   いる．ある   存在詞

[i⁷ta イッタ] Ⅰ 있-, Ⅱ 있으-, Ⅲ 있어-

- 있다(いる)의 尊敬形은 계시다. 있다(ある)의 尊敬形은 있으시다.
- 계시다의 反対語는「안 계시다」あるいは「계시지 않다」.
- 있으시다의 反対語는 없으시다.

있겠습니다 います	있겠어요 います	있습니다 います
있죠? いるでしょう？	있네요 いますね	있으십니다 おありです
있고 いるし	있는데 いるけど	있을까요? いるでしょうか？
—	—	있으면 いれば
—	—	있으면서 いながら
—	—	있을 겁니다 いるでしょう
있고 싶습니다 いたいです	있고 싶어요 いたいです	있을 수 있습니다 あり得ます
있는 것 같습니다 いるようです	있는 것 같아요 いるようです	있을 것 같습니다 いそうです
있기 전에 いる前に	있게 いるように	있으려고 합니다 いようと思っています
있는 (사람) いる(人)	있지 않는 (사람) いない(人)	있었던 것 같습니다 いたようです
—	있지 않을 (사람) いない(人)	있었던 (사람) いた(人)

● 저, 오늘 시간 **있으세요**?
　　　　　— 아, 오늘은 약속이 좀 **있어요**.
　あの, 今日お時間**おありですか**？
　　　　　— あ, 今日はちょっと約束が**あるんです**.
● 오늘은 늦게까지 회사에 **있을 거예요**. 일이 좀 **있거든요**.
　今日は遅くまで会社に**いると思います**. ちょっと仕事が**ありますので**.
● 여기 **있는** 책 누구 거예요?
　ここに**ある**本は誰のですか？

있읍시다 いよう	있어요 います	있어서 いるので
있으세요 おありです	있었습니다 いました	있었어요 いました
—	—	—
있으니까 いるから	—	—
있으려면 いるためには	계셔 보십시오 居らっしゃってみてください	계셔 보세요 居らっしゃってみてください
있을 거예요 いるでしょう	있어도 됩니다 いてもいいです	있어도 돼요 いてもいいです
있을 수 있어요 あり得ます	있어야 합니다 いなければなりません	있어야 해요 いなければなりません
있을 것 같아요 いそうです	있었는데 いたけど	있었을 (때) いた(とき)
있으려고 해요 いようと思っています	—	—
있었던 것 같아요 いたようです	있으면 됩니다 いればいいです	있으면 돼요 いればいいです
있을 (때) いる(とき)	—	—

맛있다 おいしい 存在詞

[maʃiʔta マシッタ]　Ⅰ 맛있-, Ⅱ 맛있으-, Ⅲ 맛있어-

● 「おいしそうな匂い」は「맛있는 냄새」(おいしい匂い)と言う。「맛있는 냄새가 나요」は「おいしそうな匂いがします」.
● 「맛(이) 있다」や「맛(은) 있다」などのようにも用いられる。

맛있겠습니다 おいしそうです	맛있겠어요 おいしそうです	맛있습니다 おいしいです
맛있죠? おいしいでしょう?	맛있네요 おいしいですね	―
맛있고 おいしいし	맛있는데 おいしいけど	맛있을까요? おいしいでしょうか?
―	―	맛있으면 おいしければ
―	―	맛있으면서 おいしいながら
―	―	맛있을 겁니다 おいしいでしょう
―	―	맛있을 수 있습니다 おいしいこともあり得ます
맛있는 것 같습니다 おいしいようです	맛있는 것 같아요 おいしいようです	맛있을 것 같습니다 おいしそうです
―	맛있게 おいしく	―
맛있는 (거) おいしい(もの)	맛있지 않는 (거) おいしくない(もの)	맛있었던 것 같습니다 おいしかったようです
―	―	맛있었던 (거) おいしかった(もの)

- 이 집은 음식도 **맛있고** 값도 싸요.
  この店は料理も**おいしいし**, 値段も安いです。
- 오늘 점심이 너무 **맛있어서** 좀 많이 먹었어요.
  今日のお昼ががあまりにも**おいしくて**, ちょっと食べすぎました。
- 이 근처에 냉면 **맛있는** 집 없을까요?
  この近くに冷麺の**おいしい店**, ないでしょうか？
- (食堂で注文するとき) 뭐가 **맛있어요**?
  何が**おいしいですか**？(何がおすすめですか？)

―	맛있어요 おいしいです	맛있어서 おいしいので
―	맛있었습니다 おいしかったです	맛있었어요 おいしかったです
―	―	―
맛있으니까 おいしいから	―	―
맛있으려면 おいしいためには	―	―
맛있을 거예요 おいしいでしょう	맛있어도 됩니다 おいしくてもいいです	맛있어도 돼요 おいしくてもいいです
맛있을 수 있어요 おいしいこともあり得ます	맛있어야 합니다 おいしくなければなりません	맛있어야 해요 おいしくなければなりません
맛있을 것 같아요 おいしそうです	맛있었는데 おいしかったけど	맛있었을 (때) おいしかった(とき)
	―	―
맛있었던 것 같아요 おいしかったようです	맛있으면 됩니다 おいしければいいです	맛있으면 돼요 おいしければいいです
맛있을 (때) おいしかった(とき)	―	―

가깝다　近い　【ㅂ変格】

[kaʔkaᵖʔta カッカプタ]　Ⅰ 가깝-, Ⅱ 가까우-, Ⅲ 가까워-

- 전 집이 학교에서 아주 **가까워요**.
  私は家が学校からとても**近い**です.
- 주말엔 **가까운** 카페에 가서 책을 읽어요.
  週末には**近くの**喫茶店に行って, 本を読みます.
- 여긴 전철 역도 **가깝고** 슈퍼도 **가까워서** 좋네요.
  ここは駅も**近いし**, スーパーも**近くて**いいですね.

가깝겠습니다	가깝겠어요	가깝습니다
近いでしょう	近いでしょう	近いです
가깝지 않습니다	가깝지 않아요	가깝지만
近くないです	近くないです	近いけれども
가깝죠?	가깝게	가깝고
近いでしょう?	近いように	近いし
가까울 겁니다	가까울 거예요	가까우면
近いでしょう	近いでしょう	近ければ
가까우면 됩니다	가까우면 돼요	가까우니까
近ければいいです	近ければいいです	近いから
가까운 것 같습니다	가까운 것 같아요	가까운데
近いようです	近いようです	近いけど
가까울까요?	가까울 (때)	가까운 (곳)
近いでしょうか	近い (とき)	近い (ところ)
가까웠습니다	가까웠어요	가까워요
近かったです	近かったです	近いです
가까워도 됩니다	가까워도 돼요	가까워서
近くてもいいです	近くてもいいです	近いので

같다   同じだ. …のようだ

[kaᵗta カッタ] Ⅰ 같-, Ⅱ 같으-, Ⅲ 같아-

- 「똑 같다」で「そっくりだ」となる. 体言につけて「…のようだ」の意味になる.「가수 같다」は「歌手のようだ」.
- 이 가방하고 **같은** 거 있어요?
  このカバンと**同じ**ものありますか？
- 그 사람은 한국말을 너무 잘해서 꼭 **한국 사람 같아요**.
  あの人は韓国語があまりにも上手で，まるで**韓国人のようです**.

같겠습니다	같겠어요	같습니다
同じでしょう	同じでしょう	同じです
같지 않습니다	같지 않아요	같지만
同じではありません	同じではありません	同じだけれども
같죠?	같게	같고
同じでしょう？	同じように	同じだし
같을 겁니다	같을 거예요	같으면
同じでしょう	同じでしょう	同じなら
같으면 됩니다	같으면 돼요	같으니까
同じならいいです	同じならいいです	同じだから
같은 것 같습니다	같은 것 같아요	같은데
同じみたいです	同じみたいです	同じだけど
같을까요?	같을 (때)	같은 (것)
同じでしょうか？	同じ (とき)	同じ (もの)
같았습니다	같았어요	같아요
同じでした	同じでした	同じです
같아도 됩니다	같아도 돼요	같아서
同じでもいいです	同じでもいいです	同じなので

고맙다 ありがたい

[koːmaᵖʔta コーマプタ] Ⅰ 고맙-, Ⅱ 고마우-, Ⅲ 고마워-

● 힘들 때는 친구가 옆에 있어만 줘도 참 **고마운 것 같아요.**
　大変なときは友達がそばにいてくれるだけで本当に**ありがたいです**。
● 말씀만이라도 정말 **고마워요.**
　おことばだけでも本当に**ありがたいです**。
● 그렇게 해 주시면 정말 **고맙겠습니다.**
　そうしていただければ、本当に**ありがたく存じます**。

고맙겠습니다 (…すれば)ありがたいです	고맙겠어요 (…すれば)ありがたいです	고맙습니다 ありがとうございます
고맙지 않습니다 ありがたくありません	고맙지 않아요 ありがたくありません	고맙지만 ありがたいけれども
고맙죠? ありがたいでしょう?	고맙게 ありがたく	고맙고 ありがたいし
고마울 겁니다 ありがたいでしょう	고마울 거예요 ありがたいでしょう	고마우면 ありがたいなら
고마우면 됩니다 ありがたいならいいです	고마우면 돼요 ありがたいならいいです	고마우니까 ありがたいから
고마운 것 같습니다 ありがたいと思っています	고마운 것 같아요 ありがたいと思っています	고마운데 ありがたいけど
고마울까요? ありがたいでしょうか?	고마울 (때) ありがたい (とき)	고마운 (일) ありがたい (こと)
고마웠습니다 ありがとうございました	고마웠어요 ありがとうございました	고마워요 ありがとうございます
─	─	고마워서 ありがたいので

고프다

空腹だ．(お腹が)すいている 【으活用】

[kopʰɯda コプダ] Ⅰ,Ⅱ 고프-， Ⅲ 고파-

● 単独では使わずに，「배(가) 고프다」((お腹が)すく)の形で使う．
目上の人には，「시장하시다」を使う．

● 저 아직 배가 안 고파요. 나중에 먹겠습니다.
　私はまだお腹すいていません．あとで食べます．

● 배도 고픈데 일이 너무 많아요.
　お腹もすいているけど，仕事が多すぎるんです．

고프겠습니다	고프겠어요	고픕니다
空腹でしょう	空腹でしょう	空腹です
고프지 않습니다	고프지 않아요	고프지만
空腹ではありません	空腹ではありません	空腹だけれども
고프죠?	고프게	고프고
空腹でしょう？	お腹がすくように	空腹だし
고플 겁니다	고플 거예요	고프면
空腹でしょう	空腹でしょう	空腹なら
고프면 됩니다	고프면 돼요	고프니까
空腹ならいいです	空腹ならいいです	空腹だから
고픈 것 같습니다	고픈 것 같아요	고픈데
空腹のようです	空腹のようです	空腹だけど
고플까요?	고플 (때)	고픈 (것)
空腹でしょうか？	空腹の（とき）	空腹の（もの）
고팠습니다	고팠어요	고파요
空腹でした	空腹でした	空腹です
고파도 됩니다	고파도 돼요	고파서
空腹でもいいです	空腹でもいいです	空腹なので

괜찮다　大丈夫だ

[kwɛntʃantʰa　クェンチャンタ]　Ⅰ 괜찮-, Ⅱ 괜찮으-, Ⅲ 괜찮아-

- 괜찮다는, お詫びの言葉に対する「どういたしまして」「大丈夫だ」の他に,「構わない」,「悪くない」や「とても良い」の婉曲表現として使われる.
- 저, 지금 시간 괜찮으세요?
  あの, 今お時間**大丈夫でしょうか**？
- 이 노래는 들으면 들을수록 참 괜찮아요.
  この歌は聴けば聴くほど本当に**いいです**.

괜찮겠습니다 大丈夫でしょう	괜찮겠어요 大丈夫でしょう	괜찮습니다 大丈夫です
괜찮지 않습니다 大丈夫ではありません	괜찮지 않아요 大丈夫ではありません	괜찮지만 大丈夫だけれども
괜찮죠? 大丈夫でしょう？	괜찮게 大丈夫なように	괜찮고 大丈夫だし
괜찮을 겁니다 大丈夫でしょう	괜찮을 거예요 大丈夫でしょう	괜찮으면 大丈夫なら
괜찮으면 됩니다 大丈夫ならいいです	괜찮으면 돼요 大丈夫ならいいです	괜찮으니까 大丈夫だから
괜찮은 것 같습니다 大丈夫なようです	괜찮은 것 같아요 大丈夫なようです	괜찮은데 大丈夫だけど
괜찮을까요? 大丈夫でしょうか？	괜찮을 (때) 大丈夫な (とき)	괜찮은 (것) 大丈夫な (もの)
괜찮았습니다 大丈夫でした	괜찮았어요 大丈夫でした	괜찮아요 大丈夫です
괜찮아도 됩니다 大丈夫でもいいです	괜찮아도 돼요 大丈夫でもいいです	괜찮아서 大丈夫なので

그렇다　そうだ　【ㅎ変格】

[kɯrɔ'tʰa クロッタ]　Ⅰ 그렇-,　Ⅱ 그러-,　Ⅲ 그래-

- 그러면, 그런데, 그러니까, 그래서는, 接続詞として多用されている. 그러면은, 話しことばで그럼となることが多い.
- 내일 만나는 건 시간도 없고 좀 **그래요**.
  明日会うのは, 時間もないし, ちょっとなんですよ.
- **그렇게** 해도 될까요?
  そういうふうにしてもいいでしょうか?

그렇겠습니다	그렇겠어요	그렇습니다
そうでしょう	そうでしょう	そうです
그렇지 않습니다	그렇지 않아요	그렇지만
そうではありません	そうではありません	そうだけれども
그렇죠?	그렇게	그렇고
そうでしょう?	そのように	そうだし
그럴 겁니다	그럴 거예요	그러면
そうでしょう	そうでしょう	それでは
그러면 됩니다	그러면 돼요	그러니까
それならいいです	それならいいです	そうだから
그런 것 같습니다	그런 것 같아요	그런데
そのようです	そのようです	そうだけど
그럴까요?	그럴 (때)	그런 (것)
そうでしょうか?	そのような (とき)	そのような (もの)
그랬습니다	그랬어요	그래요
そうでした	そうでした	そうです
그래도 됩니다	그래도 돼요	그래서
それでもいいです	それでもいいです	それなので. それで

기쁘다　嬉しい　【으活用】

[ki²pɯda　キップダ]　ⅠⅡ 기쁘-,　Ⅲ 기뻐-

● 십년만에 친구를 만나서 정말 **기뻤어요**.
　10年ぶりに友達に会って, 本当に**嬉しかったです**.
● 그 친구는 **기쁠** 때도 슬플 때도 별로 표현을 안 해요.
　あの人は**嬉しい**ときも悲しいときも, あまり顔に出しません.
● 그 때는 너무 **기뻐서** 아무 말도 못 했어요.
　あのときは, あまりにも**嬉しくて**, 何も話せませんでした.

기쁘겠습니다	기쁘겠어요	기쁩니다
嬉しいでしょう	嬉しいでしょう	嬉しいです
기쁘지 않습니다	기쁘지 않아요	기쁘지만
嬉しくないです	嬉しくないです	嬉しいけれども
기쁘죠?	기쁘게	기쁘고
嬉しいでしょう?	嬉しく	嬉しいし
기쁠 겁니다	기쁠 거예요	기쁘면
嬉しいでしょう	嬉しいでしょう	嬉しければ
기쁘면 됩니다	기쁘면 돼요	기쁘니까
嬉しければいいです	嬉しければいいです	嬉しいから
기쁜 것 같습니다	기쁜 것 같아요	기쁜데
嬉しいようです	嬉しいようです	嬉しいけど
기쁠까요?	기쁠 (때)	기쁜 (것)
嬉しいでしょうか?	嬉しい (とき)	嬉しい (もの)
기뻤습니다	기뻤어요	기뻐요
嬉しかったです	嬉しかったです	嬉しいです
―	―	기뻐서
		嬉しいので

길다　長い　【ㄹ活用】

[ki:lrda キールダ]　Ⅰ,Ⅱ 길-/기-,　Ⅲ 길어 -

● 「長い時間」や「時間が長くかかる」の場合は，길다を使わないで，「많은/오랜 시간」「시간이 많이/오래 걸리다」という.

● 바지가 좀 긴 것 같아요.
　　ズボンがちょっと**長いようです**.

● 그 드라마는 얘기가 좀 **길지만** 정말 재미있어요.
　　あのドラマは，ストーリーがちょっと**長いけど**, 本当に面白いです.

길겠습니다	길겠어요	깁니다
長いでしょう	長いでしょう	長いです
길지 않습니다	길지 않아요	길지만
長くないです	長くないです	長いけれども
길죠?	길게	길고
長いでしょう？	長く	長いし
길 겁니다	길 거예요	길면
長いでしょう	長いでしょう	長ければ
길면 됩니다	길면 돼요	기니까
長ければいいです	長ければいいです	長いから
긴 것 같습니다	긴 것 같아요	긴데
長いみたいです	長いみたいです	長いけど
길까요?	길 (때)	긴 (것)
長いでしょうか？	長い（とき）	長い（もの）
길었습니다	길었어요	길어요
長かったです	長かったです	長いです
길어도 됩니다	길어도 돼요	길어서
長くてもいいです	長くてもいいです	長いので

나쁘다　悪い　【으活用】

[na’puuda ナップダ]　Ⅰ, Ⅱ 나쁘-,　Ⅲ 나빠-

- 謝りのことば「悪かった」には，잘못하다の過去形잘못했다を使う．
  「제가 잘못했어요」(私が悪かったです)
- 어렸을 때부터 눈이 **나빴어요**.
  子どものときから目が**悪かったです**.
- 그 사람 성격이 좀 그래도 **나쁜** 사람은 아니에요.
  あの人は性格がちょっとなんだけど，**悪い**人ではありません.

나쁘겠습니다	나쁘겠어요	나쁩니다
悪いでしょう	悪いでしょう	悪いです
나쁘지 않습니다	나쁘지 않아요	나쁘지만
悪くないです	悪くないです	悪いけれども
나쁘죠?	나쁘게	나쁘고
悪いでしょう?	悪く	悪いし
나쁠 겁니다	나쁠 거예요	나쁘면
悪いでしょう	悪いでしょう	悪ければ
나쁘면 됩니다	나쁘면 돼요	나쁘니까
悪ければいいです	悪ければいいです	悪いから
나쁜 것 같습니다	나쁜 것 같아요	나쁜데
悪いようです	悪いようです	悪いけど
나쁠까요?	나쁠 (때)	나쁜 (것)
悪いでしょうか?	悪い (とき)	悪い (もの)
나빴습니다	나빴어요	나빠요
悪かったです	悪かったです	悪いです
나빠도 됩니다	나빠도 돼요	나빠서
悪くてもいいです	悪くてもいいです	悪いので

낮다　低い

[naᵗ˹ta ナッタ]　Ⅰ 낮-, Ⅱ 낮으-, Ⅲ 낮아-

● 「背が低い」は「키가 작다」.「水準が低い」は「수준이 낮다」.
　「声が低い」は「목소리가 굵다」.
● 남산은 **낮은** 산이지만 아주 유명해요.
　　南山は**低い**山ですが，とても有名です.
● 이 의자, 좀 **낮지 않아요**?
　　このいす，ちょっと**低くないんですか**？

낮겠습니다 低いでしょう	낮겠어요 低いでしょう	낮습니다 低いです
낮지 않습니다 低くないです	낮지 않아요 低くないです	낮지만 低いけれども
낮죠? 低いでしょう？	낮게 低く	낮고 低いし
낮을 겁니다 低いでしょう	낮을 거예요 低いでしょう	낮으면 低ければ
낮으면 됩니다 低ければいいです	낮으면 돼요 低ければいいです	낮으니까 低いから
낮은 것 같습니다 低いようです	낮은 것 같아요 低いようです	낮은데 低いけど
낮을까요? 低いでしょうか？	낮을 (때) 低い (とき)	낮은 (곳) 低い (ところ)
낮았습니다 低かったです	낮았어요 低かったです	낮아요 低いです
낮아도 됩니다 低くてもいいです	낮아도 돼요 低くてもいいです	낮아서 低いので

높다 高い

[noᵖʔta ノプタ] Ⅰ 높-, Ⅱ 높으-, Ⅲ 높아-

- 「背が高い」は「키가 크다」という.
- 전 걷는 일이 많아서 **높은** 구두는 못 신겠어요.
  私は歩くことが多くて, **高い**靴は履けそうもないんです.
- 이 책상은 너무 **높아요**.
  この机は高すぎます.

높겠습니다 高いでしょう	높겠어요 高いでしょう	높습니다 高いです
높지 않습니다 高くないです	높지 않아요 高くないです	높지만 高いけれども
높죠? 高いでしょう?	높게 高く	높고 高いし
높을 겁니다 高いでしょう	높을 거예요 高いでしょう	높으면 高ければ
높으면 됩니다 高ければいいです	높으면 돼요 高ければいいです	높으니까 高いから
높은 것 같습니다 高いようです	높은 것 같아요 高いようです	높은데 高いけど
높을까요? 高いでしょうか?	높을 (때) 高い (とき)	높은 (곳) 高い (ところ)
높았습니다 高かったです	높았어요 高かったです	높아요 高いです
높아도 됩니다 高くてもいいです	높아도 돼요 高くてもいいです	높아서 高いので

늦다   遅い

[nuɯᵗta ヌッタ]   I 늦-, II 늦으-, III 늦어-

- 反対語は「이르다」(早い).「빠르다」(速い)の反対は「느리다」.
- 「時計が5分遅れている」は「시계가 오 분 늦게 가요」.
- 어젯밤에 시간이 너무 **늦어서** 전화 못 드렸어요.
  昨晩は時間が遅すぎたので,お電話差し上げませんでした.
- 일이 많아서 오늘은 좀 **늦을 것 같아요**.
  仕事が多くて,今日はちょっと**遅くなりそうです**.

늦겠습니다	늦겠어요	늦습니다
遅そうです	遅そうです	遅いです
늦지 않습니다	늦지 않아요	늦지만
遅くないです	遅くないです	遅いけれども
늦죠?	늦게	늦고
遅いでしょう?	遅く	遅いし
늦을 겁니다	늦을 거예요	늦으면
遅いでしょう	遅いでしょう	遅ければ
늦으면 됩니다	늦으면 돼요	늦으니까
遅ければいいです	遅ればいいです	遅いから
늦은 것 같습니다	늦은 것 같아요	늦은데
遅いようです	遅いようです	遅いけど
늦을까요?	늦을 (때)	늦은 (시간)
遅いでしょうか?	遅い(とき)	遅い(時間)
늦었습니다	늦었어요	늦어요
遅かったです	遅かったです	遅いです
늦어도 됩니다	늦어도 돼요	늦어서
遅くてもいいです	遅くてもいいです	遅いので

다르다　異なる. 違う　【르変格】

[taruda タルダ]　Ⅰ,Ⅱ 다르-, Ⅲ 달라-

- 전에 먹은 김치하고 맛은 **다르지만** 이것도 맛있네요.
  以前食べたキムチと味は**違うけど**, これもおいしいですね.
- 이 디브이디는 같은 건데 가격이 왜 서로 **달라요**?
  この DVD は同じものなのに, なぜ値段が互いに**違うんです**か?
- 전 토요일도 좋고 **다른** 요일도 괜찮아요
  私は土曜日もいいし, **他の**曜日も大丈夫です.

다르겠습니다	다르겠어요	다릅니다
異なるでしょう	異なるでしょう	異なります
다르지 않습니다	다르지 않아요	다르지만
異なりません	異なりません	異なるけれども
다르죠?	다르게	다르고
異なるでしょう?	異なるように	異なるし
다를 겁니다	다를 거예요	다르면
異なるでしょう	異なるでしょう	異なれば
다르면 됩니다	다르면 돼요	다르니까
異なればいいです	異なればいいです	異なるから
다른 것 같습니다	다른 것 같아요	다른데
異なるようです	異なるようです	異なるけど
다를까요?	다를 (때)	다른 (것)
異なるでしょうか?	異なる (とき)	異なる (もの)
달랐습니다	달랐어요	달라요
異なりました	異なりました	異なります
달라도 됩니다	달라도 돼요	달라서
異なってもいいです	異なってもいいです	異なるので

달다 甘い 【ㄹ活用】

[talda タルダ] Ⅰ,Ⅱ 달-/다-, Ⅲ 달아-

● 사과가 참 달고 맛있네요.
 りんごがとても甘くて, おいしいですね.
● 전 단 것도 좋아해요.
 私は甘いものも好きですよ.
● 과자가 단 건 괜찮은데 음식이 달면 못 먹겠어요.
 お菓子が甘いのはいいんですが, 料理が甘いと食べられません.

달겠습니다 甘そうです	달겠어요 甘そうです	답니다 甘いです
달지 않습니다 甘くないです	달지 않아요 甘くないです	달지만 甘いけれども
달죠? 甘いでしょう?	달게 甘く	달고 甘いし
달 겁니다 甘いでしょう	달 거예요 甘いでしょう	달면 甘ければ
달면 됩니다 甘ければいいです	달면 돼요 甘ければいいです	다니까 甘いから
단 것 같습니다 甘いようです	단 것 같아요 甘いようです	단데 甘いけど
달까요? 甘いでしょうか?	달 (때) 甘い (とき)	단 (음식) 甘い (食べ物)
달았습니다 甘かったです	달았어요 甘かったです	달아요 甘いです
달아도 됩니다 甘くてもいいです	달아도 돼요 甘くてもいいです	달아서 甘いので

덥다 暑い 【ㅂ変格】

[tɔːpʔta トープタ] Ⅰ 덥-, Ⅱ 더우-, Ⅲ 더워-

● 날씨가 **더워서** 아무것도 하기가 싫어요.
　天気が**暑いから**, 何もしたくないですね.
● 밖은 **더운데** 방 안이 너무 추워요.
　外は**暑いのに**, 部屋の中が寒すぎます.
● 서울도 여름에 많이 **덥죠**?
　ソウルも夏けっこう**暑いでしょう**?

덥겠습니다 暑そうです	덥겠어요 暑そうです	덥습니다 暑いです
덥지 않습니다 暑くないです	덥지 않아요 暑くないです	덥지만 暑いけれども
덥죠? 暑いでしょう?	덥게 暑く	덥고 暑いし
더울 겁니다 暑いでしょう	더울 거예요 暑いでしょう	더우면 暑ければ
더우면 됩니다 暑ければいいです	더우면 돼요 暑ければいいです	더우니까 暑いから
더운 것 같습니다 暑いようです	더운 것 같아요 暑いようです	더운데 暑いけど
더울까요? 暑いでしょうか?	더울 (때) 暑い (とき)	더운 (나라) 暑い (国)
더웠습니다 暑かったです	더웠어요 暑かったです	더워요 暑いです
더워도 됩니다 暑くてもいいです	더워도 돼요 暑くてもいいです	더워서 暑いので

많다   多い

[ma:ntʰa マーンタ] Ⅰ 많-, Ⅱ 많으-, Ⅲ 많아-

● 아침엔 전철에 사람이 **많아서** 전 좀 일찍 나와요.
　　朝は電車の中に人が**多いので**, 私は少し早めに(家を)出ます.
● 그 배우는 한국보다 일본에서 인기가 더 **많은 것 같아요**.
　　あの俳優は韓国より日本でもっと人気があると思います.
● 한국어 교과서는 **많지만** 좋은 교재가 적어요.
　　韓国語教科書は**多いけど**, いい教材が少ないんです.

많겠습니다	많겠어요	많습니다
多いでしょう	多いでしょう	多いです
많지 않습니다	많지 않아요	많지만
多くないです	多くないです	多いけれども
많죠?	많게	많고
多いでしょう?	多いように	多いし
많을 겁니다	많을 거예요	많으면
多いでしょう	多いでしょう	多ければ
많으면 됩니다	많으면 돼요	많으니까
多ければいいです	多ければいいです	多いから
많은 것 같습니다	많은 것 같아요	많은데
多いようです	多いようです	多いけど
많을까요?	많을 (때)	많은 (것)
多いでしょうか?	多い (とき)	多い (もの)
많았습니다	많았어요	많아요
多かったです	多かったです	多いです
많아도 됩니다	많아도 돼요	많아서
多くてもいいです	多くてもいいです	多いので

맵다　辛い　【ㅂ変格】

[mɛpʔta メプタ] Ⅰ맵-, Ⅱ 매우-, Ⅲ 매워-

● 김치가 **맵지 않으세요**?
　キムチが**辛くないんですか**？
● 좀 **맵지만** 맛있어요. 전 **매운 거** 잘 먹어요.
　ちょっと**辛いけど**, おいしいです. 私は**辛いのを**よく食べます.
● 이 찌개 저는 너무 **매워서** 못 먹겠어요.
　このチゲは私は**辛すぎて**, **食べられそうもありません**.

맵겠습니다 辛そうです	맵겠어요 辛そうです	맵습니다 辛いです
맵지 않습니다 辛くないです	맵지 않아요 辛くないです	맵지만 辛いけれども
맵죠? 辛いでしょう？	맵게 辛く	맵고 辛いし
매울 겁니다 辛いでしょう	매울 거예요 辛いでしょう	매우면 辛ければ
매우면 됩니다 辛ければいいです	매우면 돼요 辛ければいいです	매우니까 辛いから
매운 것 같습니다 辛いようです	매운 것 같아요 辛いようです	매운데 辛いけど
매울까요? 辛いでしょうか？	매울 (때) 辛い (とき)	매운 (것) 辛い (もの)
매웠습니다 辛かったです	매웠어요 辛かったです	매워요 辛いです
매워도 됩니다 辛くてもいいです	매워도 돼요 辛くてもいいです	매워서 辛いので

멀다　遠い　　【ㄹ活用】

[mɔːlda モールダ]　Ⅰ,Ⅱ 멀-/머-,　Ⅲ 멀어-

● 그 집 역에서 **멀어요**? **멀면** 다 같이 택시로 갈까요?
　　そのお店, 駅から**遠いですか**？**遠ければ**, 皆でタクシーで行きましょうか？
● 집이 **멀어서** 그렇게 자주는 못 가요.
　　家(実家)が**遠くて**, そんなにしょっちゅうは帰られません.
● 이렇게 **먼** 데까지 와 주셔서 정말 고맙습니다.
　　こんなに**遠い**ところまで来ていただき, 本当にありがとうございます.

멀겠습니다 遠そうです	멀겠어요 遠そうです	멉니다 遠いです
멀지 않습니다 遠くないです	멀지 않아요 遠くないです	멀지만 遠いけれども
멀죠? 遠いでしょう？	멀게 遠く	멀고 遠いし
멀 겁니다 遠いでしょう	멀 거예요 遠いでしょう	멀면 遠ければ
멀면 됩니다 遠ければいいです	멀면 돼요 遠ればいいです	머니까 遠いから
먼 것 같습니다 遠いようです	먼 것 같아요 遠いようです	먼데 遠いけど
멀까요? 遠いでしょうか？	멀 (때) 遠い (とき)	먼 (곳) 遠い (ところ)
멀었습니다 遠かったです	멀었어요 遠かったです	멀어요 遠いです
멀어도 됩니다 遠くてもいいです	멀어도 돼요 遠くてもいいです	멀어서 遠いので

무겁다　重い　【ㅂ変格】

[muɡɔpʔta ムゴップタ]　Ⅰ 무겁-, Ⅱ 무거-, Ⅲ 무거워-

● 짐이 **무겁지 않으세요**? 같이 들어요.
　荷物が**重くありませんか**？一緒に持ちましょう。
● 이 가방은 다 좋은데 좀 **무거워요**.
　このかばんはいいんですけど、ちょっと**重いんですよ**。
● **무거운** 짐은 공항에서 그냥 부치죠.
　重い荷物は空港からそのまま送りましょう。

무겁겠습니다 重そうです	무겁겠어요 重そうです	무겁습니다 重いです
무겁지 않습니다 重くないです	무겁지 않아요 重くないです	무겁지만 重いけれども
무겁죠? 重いでしょう?	무겁게 重く	무겁고 重いし
무거울 겁니다 重いでしょう	무거울 거예요 重いでしょう	무거우면 重ければ
무거우면 됩니다 重ければいいです	무거우면 돼요 重ければいいです	무거우니까 重いから
무거운 것 같습니다 重いようです	무거운 것 같아요 重いようです	무거운데 重いけど
무거울까요? 重いでしょうか?	무거울 (때) 重い (とき)	무거운 (것) 重い (もの)
무거웠습니다 重かったです	무거웠어요 重かったです	무거워요 重いです
무거워도 됩니다 重くてもいいです	무거워도 돼요 重くてもいいです	무거워서 重いので

바쁘다　忙しい　【으活用】

[pa²puɯda　パップダ]　Ⅰ,Ⅱ 바쁘-,　Ⅲ 바빠-

- 오늘도 너무 **바빠서** 점심도 못 먹었어요.
  今日も忙しすぎて, 昼ごはんも食べてないんです.
- 일은 **바쁘지만** 재미있어요.
  仕事は**忙しいけど**, 面白いです.
- 지금 안 바쁘면 차 한 잔 할까요?
  今**忙しくなければ**, お茶でもしましょうか？

바쁘겠습니다	바쁘겠어요	바쁩니다
忙しそうです	忙しそうです	忙しいです
바쁘지 않습니다	바쁘지 않아요	바쁘지만
忙しくないです	忙しくないです	忙しいけれども
바쁘죠?	바쁘게	바쁘고
忙しいでしょう？	忙しく	忙しいし
바쁠 겁니다	바쁠 거예요	바쁘면
忙しいでしょう	忙しいでしょう	忙しければ
바쁘면 됩니다	바쁘면 돼요	바쁘니까
忙しければいいです	忙しければいいです	忙しいから
바쁜 것 같습니다	바쁜 것 같아요	바쁜데
忙しいようです	忙しいようです	忙しいけど
바쁠까요?	바쁠 (때)	바쁜 (사람)
忙しいでしょうか？	忙しい (とき)	忙しい (もの)
바빴습니다	바빴어요	바빠요
忙しかったです	忙しかったです	忙しいです
바빠도 됩니다	바빠도 돼요	바빠서
忙しくてもいいです	忙しくてもいいです	忙しいので

반갑다　(会えて)うれしい　【ㅂ変格】

[panga^{pʔ}ta　パンガプタ]　Ⅰ 반갑-,　Ⅱ 반가우-,　Ⅲ 반가워-

- 「반갑다」だけでも「会えてうれしい」という意味になる．なお，電話やメールでも「(連絡が取れて)うれしい」という意味で使う．
- 안녕하세요? 이렇게 만나뵙게 돼서 **반갑습니다**.
  こんにちは．このようにお会いできて**うれしいです**．
- 정말 오래간만이네요. 너무 **반가워요**!
  ほんとうに久しぶりですね．**うれしいです**！

반갑겠습니다	반갑겠어요	반갑습니다
嬉しいでしょう	嬉しいでしょう	嬉しいです
반갑지 않습니다	반갑지 않아요	반갑지만
嬉しくないです	嬉しくないです	嬉しいけれども
반갑죠?	반갑게	반갑고
嬉しいでしょう?	嬉しく	嬉しいし
반가울 겁니다	반가울 거예요	반가우면
嬉しいでしょう	嬉しいでしょう	嬉ければ
반가우면 됩니다	반가우면 돼요	반가우니까
嬉しければいいです	嬉しければいいです	嬉しいから
반가운 것 같습니다	반가운 것 같아요	반가운데
嬉しいようです	嬉しいようです	嬉しいけど
반가울까요?	반가울 (때)	반가운 (사람)
嬉しいでしょうか?	嬉しい (とき)	嬉しい (人)
반가웠습니다	반가웠어요	반가워요
嬉しかったです	嬉しかったです	嬉しいです
반가워도 됩니다	반가워도 돼요	반가워서
嬉しくてもいいです	嬉しくてもいいです	嬉しいので

부끄럽다 恥ずかしい 【ㅂ変格】

[puʔkɯɾoʔta プックロプタ] Ⅰ 부끄럽-, Ⅱ 부끄러우-, Ⅲ 부끄러워-

- 모르는 건 **부끄러운** 게 아니에요.
  知らないというのは**恥ずかしい**ことではありません.
- 사람들 앞에서는 **부끄러워서** 말을 잘 못하겠어요.
  人々の前では**恥ずかしくて**, あまりしゃべれないんです.
- 틀려도 **부끄럽게** 생각하지 말고 한국어로 해 보세요.
  間違っても**恥ずかしく**思わないで, 韓国語で言ってみてください.

부끄럽겠습니다	부끄럽겠어요	부끄럽습니다
恥ずかしいでしょう	恥ずかしいでしょう	恥ずかしいです
부끄럽지 않습니다	부끄럽지 않아요	부끄럽지만
恥ずかしくないです	恥ずかしくないです	恥ずかしいけれども
부끄럽죠?	부끄럽게	부끄럽고
恥ずかしいでしょう？	恥ずかしく	恥ずかしいし
부끄러울 겁니다	부끄러울 거예요	부끄러우면
恥ずかしいでしょう	恥ずかしいでしょう	恥ずかしければ
부끄러우면 됩니다	부끄러우면 돼요	부끄러우니까
恥ずかしければいいです	恥ずかしければいいです	恥ずかしいから
부끄러운 것 같습니다	부끄러운 것 같아요	부끄러운데
恥ずかしいようです	恥ずかしいようです	恥ずかしいけど
부끄러울까요?	부끄러울 (때)	부끄러운 (사람)
恥ずかしいでしょうか？	恥ずかしい（とき）	恥ずかしい（人）
부끄러웠습니다	부끄러웠어요	부끄러워요
恥ずかしかったです	恥ずかしかったです	恥ずかしいです
부끄러워도 됩니다	부끄러워도 돼요	부끄러워서
恥ずかしくてもいいです	恥ずかしくてもいいです	恥ずかしいので

비싸다 （値段が）高い

[piˀsada ピッサダ] Ⅰ, Ⅱ, Ⅲ 비싸-

- 이번에 좀 **비싼** 컴퓨터를 샀어요.
  今回, ちょっと**高い**コンピュータを買いました.
- 그 집은 좀 **비싸지만** 물건은 좋아요.
  あのお店は, ちょっと**高いけど**, ものはいいですよ.
- 사고 싶은 게 있었는데 너무 **비싸서** 그냥 왔어요.
  買いたいものがあったけど, 高すぎて, そのまま帰ってきました.

비싸겠습니다	비싸겠어요	비쌉니다
高そうです	高そうです	高いです
비싸지 않습니다	비싸지 않아요	비싸지만
高くないです	高くないです	高いけれども
비싸죠?	비싸게	비싸고
高いでしょう?	高く	高いし
비쌀 겁니다	비쌀 거예요	비싸면
高いでしょう	高いでしょう	高ければ
비싸면 됩니다	비싸면 돼요	비싸니까
高ければいいです	高ければいいです	高いから
비싼 것 같습니다	비싼 것 같아요	비싼데
高いようです	高いようです	高いけど
비쌀까요?	비쌀 (때)	비싼 (물건)
高いでしょうか?	高い (とき)	高い (もの)
비쌌습니다	비쌌어요	비싸요
高かったです	高かったです	高いです
비싸도 됩니다	비싸도 돼요	비싸서
高くてもいいです	高くてもいいです	高いので

빨갛다   赤い   【ㅎ変格】

[ˀpalgaˡtʰa パルガッタ] Ⅰ 빨갛-, Ⅱ 빨가-, Ⅲ 빨개-

- 이 양복에는 **빨간** 넥타이도 괜찮아요.
  このスーツには赤いネクタイも悪くないですよ.
- 머리 색이 너무 **빨갛지 않아요**?
  髪の毛の色が赤すぎませんか？
- 그렇게 **안 빨개요**. 괜찮은데요.
  そんなに赤くないんですよ. いいと思いますけどね.

빨갛겠습니다 赤いでしょう	빨갛겠어요 赤いでしょう	빨갛습니다 赤いです
빨갛지 않습니다 赤くないです	빨갛지 않아요 赤くないです	빨갛지만 赤いけれども
빨갛죠? 赤いでしょう？	빨갛게 赤く	빨갛고 赤いし
빨갈 겁니다 赤いでしょう	빨갈 거예요 赤いでしょう	빨가면 赤ければ
빨가면 됩니다 赤ければいいです	빨가면 돼요 赤ければいいです	빨가니까 赤いから
빨간 것 같습니다 赤いようです	빨간 것 같아요 赤いようです	빨간데 赤いけど
빨갈까요? 赤いでしょうか？	빨갈 (때) 赤い (とき)	빨간 (것) 赤い (もの)
빨갰습니다 赤かったです	빨갰어요 赤かったです	빨개요 赤いです
빨개도 됩니다 赤くてもいいです	빨개도 돼요 赤くてもいいです	빨개서 赤いので

쉽다 簡単だ. 易しい

[ʃwiːpʔta シュイープタ] Ⅰ 쉽-, Ⅱ 쉬우-, Ⅲ 쉬워-

- 좀 더 **쉬운** 교과서 없어요? 이건 너무 어려워요.
  もう少し**易しい**教科書はないんですか？これは難しすぎます.
- 한국어 어때요? **쉽고** 재미있죠?.
  韓国語, どうですか？**簡単で**, 面白いでしょう？
- 김치볶음밥은 정말 **쉬워요**. 가르쳐 드릴까요?
  キムチチャーハンは本当に**簡単ですよ**. 教えましょうか？

쉽겠습니다 簡単そうです	쉽겠어요 簡単そうです	쉽습니다 簡単です
쉽지 않습니다 簡単ではありません	쉽지 않아요 簡単ではありません	쉽지만 簡単だけれども
쉽죠? 簡単でしょう？	쉽게 簡単に	쉽고 簡単だし
쉬울 겁니다 簡単でしょう	쉬울 거예요 簡単でしょう	쉬우면 簡単なら
쉬우면 됩니다 簡単ならいいです	쉬우면 돼요 簡単ならいいです	쉬우니까 簡単だから
쉬운 것 같습니다 簡単なようです	쉬운 것 같아요 簡単なようです	쉬운데 簡単だけど
쉬울까요? 簡単でしょうか？	쉬울 (때) 簡単な（とき）	쉬운 (것) 簡単な（もの）
쉬웠습니다 簡単でした	쉬웠어요 簡単でした	쉬워요 簡単です
쉬워도 됩니다 簡単でもいいです	쉬워도 돼요 簡単でもいいです	쉬워서 簡単なので

슬프다　悲しい　【으活用】

[sɯlpʰɯda　スルプダ]　Ⅰ, Ⅱ 슬프-,　Ⅲ 슬퍼-

- 그 영화 정말 **슬퍼요**. 계속 울면서 봤어요.
  あの映画, 本当に**泣けます**. ずっと泣きながら見ました.
- 전 **슬픈** 영화는 안 좋아해요.
  私は**悲しい**映画は好きじゃないです.
- 전 아무리 **슬퍼도** 사람들 앞에선 안 울어요.
  私は, いくら**悲しくても**, 人の前では泣きません.

슬프겠습니다	슬프겠어요	슬픕니다
悲しいでしょう	悲しいでしょう	悲しいです
슬프지 않습니다	슬프지 않아요	슬프지만
悲しくないです	悲しくないです	悲しいけれども
슬프죠?	슬프게	슬프고
悲しいでしょう？	悲しく	悲しいし
슬플 겁니다	슬플 거예요	슬프면
悲しいでしょう	悲しいでしょう	悲しければ
슬프면 됩니다	슬프면 돼요	슬프니까
悲しければいいです	悲しければいいです	悲しいから
슬픈 것 같습니다	슬픈 것 같아요	슬픈데
悲しいようです	悲しいようです	悲しいけど
슬플까요?	슬플 (때)	슬픈 (것)
悲しいでしょうか？	悲しい (とき)	悲しい (もの)
슬펐습니다	슬펐어요	슬퍼요
悲しかったです	悲しかったです	悲しいです
슬퍼도 됩니다	슬퍼도 돼요	슬퍼서
悲しくてもいいです	悲しくてもいいです	悲しいので

싫다　いやだ

[ʃiltʰa シルタ]　Ⅰ 싫-, Ⅱ 싫으-, Ⅲ 싫어-

● 「싫다」는, あくまで個人の感情を意味するので, 「いやな話」「いやな事件」などには使わない. 「안 좋은 이야기」や「나쁜 사건」などと言う.
● 「…したくない」は「Ⅰ-고 싶지 않다」があるが, 「Ⅰ-기 싫다」の形も多用される. 「보기 싫다」(見たくない), 「먹기 싫다」(食べたくない)
● 한번 만나 보세요. 만나 보고 **싫으면** 더 안 만나도 되니까.
　一回会ってみてください. 会ってみて, **イヤなら**, もう会わなくていいから.

싫겠습니다 いやでしょう	싫겠어요 いやでしょう	싫습니다 嫌いです
싫지 않습니다 いやではありません	싫지 않아요 いやではありません	싫지만 いやだけれども
싫죠? いやでしょう?	싫게 いやなように	싫고 いやだし
싫을 겁니다 いやでしょう	싫을 거예요 いやでしょう	싫으면 いやなら
―	―	싫으니까 いやだから
싫은 것 같습니다 いやみたいです	싫은 것 같아요 いやみたいです	싫은데 いやだけど
싫을까요? いやでしょうか?	싫을 (때) いやな (とき)	싫은 (것) いやな (もの)
싫었습니다 いやでした	싫었어요 いやでした	싫어요 いやです
―	―	싫어서 いやなので

싸다　安い

[ˀsada　サダ]　Ⅰ,Ⅱ,Ⅲ 싸-

● 「安く買う」は「싸게 사다」,「安くしてください」は「싸게 해 주세요」または「깎아 주세요」(まけてください).
● 이건 그냥 **싸서** 샀는데 생각보다 괜찮은 것 같아요.
　　これは, ただ**安い**から買ったけど, 思ったよりいいです.
● 그 집 물건 정말 **싸고** 좋아요. 전 언제나 거기서 사요.
　　あの店のものは本当に**安くて**いいです. 私はいつもそこで買います.

싸겠습니다 安そうです	싸겠어요 安そうです	쌉니다 安いです
싸지 않습니다 安くないです	싸지 않아요 安くないです	싸지만 安いけれども
싸죠? 安いでしょう?	싸게 安く	싸고 安いし
쌀 겁니다 安いでしょう	쌀 거예요 安いでしょう	싸면 安ければ
싸면 됩니다 安ければいいです	싸면 돼요 安ければいいです	싸니까 安いから
싼 것 같습니다 安いようです	싼 것 같아요 安いようです	싼데 安いけど
쌀까요? 安いでしょうか?	쌀 (때) 安い (とき)	싼 (것) 安い (もの)
쌌습니다 安かったです	쌌어요 安かったです	싸요 安いです
싸도 됩니다 安くてもいいです	싸도 돼요 安くてもいいです	싸서 安いので

아름답다 美しい 【ㅂ変格】

[aruumdaᵖ⁾ta アルムダプタ] Ⅰ아름답-, Ⅱ아름다우-, Ⅲ아름다워-

- 지금쯤 한국도 단풍이 참 **아름다울 거예요**.
  今頃, 韓国も紅葉がとても**綺麗だろうと思います**.
- 벚꽃은 질 때도 **아름다운** 꽃입니다.
  桜は, 散るときも**美しい**花です.
- 거기는 경치가 참 **아름다워요**.
  あそこは, 景色が本当に**美しいです**.

아름답겠습니다 美しいでしょう	아름답겠어요 美しいでしょう	아름답습니다 美しいです
아름답지 않습니다 美しくないです	아름답지 않아요 美しくないです	아름답지만 美しいけれども
아름답죠? 美しいでしょう?	아름답게 美しく	아름답고 美しいし
아름다울 겁니다 美しいでしょう	아름다울 거예요 美しいでしょう	아름다우면 美しければ
아름다우면 됩니다 美しければいいです	아름다우면 돼요 美しければいいです	아름다우니까 美しいから
아름다운 것 같습니다 美しいようです	아름다운 것 같아요 美しいようです	아름다운데 美しいけど
아름다울까요? 美しいでしょうか?	아름다울 (때) 美しい (とき)	아름다운 (것) 美しい (もの)
아름다웠습니다 美しかったです	아름다웠어요 美しかったです	아름다워요 美しいです
아름다워도 됩니다 美しくてもいいです	아름다워도 돼요 美しくてもいいです	아름다워서 美しいので

아프다 痛い 【으活用】

[apʰɯda アプダ] Ⅰ,Ⅱ 아프-, Ⅲ 아파-

● 어제는 **몸이 아파서** 집에서 쉬었어요.
　　昨日は, **体の具合が悪くて**, 家で休みました.
● 많이 **아프면** 병원에 가 보세요.
　　痛みがひどかったら, 病院に行ってください.
● 인터넷을 너무 오래 해서 눈도 **아프고** 좀 피곤해요.
　　インターネットを長くやりすぎて, 目も**痛いし**, ちょっと疲れています.

아프겠습니다 痛そうです	아프겠어요 痛そうです	아픕니다 痛いです
아프지 않습니다 痛くないです	아프지 않아요 痛くないです	아프지만 痛いけれども
아프죠? 痛いでしょう?	아프게 痛く	아프고 痛いし
아플 겁니다 痛いでしょう	아플 거예요 痛いでしょう	아프면 痛ければ
아프면 됩니다 痛ければいいです	아프면 돼요 痛ければいいです	아프니까 痛いから
아픈 것 같습니다 痛いようです	아픈 것 같아요 痛いようです	아픈데 痛いけど
아플까요? 痛いでしょうか?	아플 (때) 痛い (とき)	아픈 (사람) 痛い (人)
아팠습니다 痛かったです	아팠어요 痛かったです	아파요 痛いです
아파도 됩니다 痛くてもいいです	아파도 돼요 痛くてもいいです	아파서 痛いので

어떻다 どうだ 【ㅎ変격】

[ɔʔtɔʔtʰa オトッタ] Ⅰ어떻-, Ⅱ 어떠-, Ⅲ 어때-

● 「어떨 때」는 「どんなとき」, 「어떨 때는」やその縮約形「어떨 땐」は 「あるときは」, 「ときには」という意味になる.
● 이 책 어때요? 좋아요?
　　この本, **どうですか**？いいですか？
● 이번주는 다들 바쁘니까 다음주가 **어떨까요**?
　　今週はみんな忙しいから, 来週は**どうでしょうか**？

어떻겠습니까?	어떻겠어요?	어떻습니까?
どうでしょうか？	どうでしょうか？	どうですか？
	어떻게 どのように	
		어떠면 どうであれば
어떠면 됩니까? どうであればいいです？	어떠면 돼요? どうであればいいです？	어떠니까 どうだから
어떤 것 같습니까? どのようですか？	어떤 것 같아요? どのようですか？	어떤데? どうなの？
어떨까요? どうでしょうか？	어떨 (때) どんな(とき). ある(とき)	어떤 (거) どんな(もの). ある(もの)
어땠습니까? どうでしたか？	어땠어요? どうでしたか？	어때요? どうですか？
		어때서 どうなので

어렵다 難しい 【ㅂ変格】

[ɔrjɔpʰta オリョプタ] Ⅰ 어렵-, Ⅱ 어려우-, Ⅲ 어려워-

● 이번 시험에는 정말 **어려운** 문제가 나왔어요.
　　今回の試験には本当に**難しい**問題が出ました．
● 좀 **어려워도** 열심히 하면 금방 늘어요.
　　ちょっと**難しくても**，一生懸命やれば，すぐ上達しますよ．
● 한국어는 발음이 **어려워요**.
　　韓国語は発音が**難しいです**．

어렵겠습니다 難しそうです	어렵겠어요 難しそうです	어렵습니다 難しいです
어렵지 않습니다 難しくないです	어렵지 않아요 難しくないです	어렵지만 難しいけれども
어렵죠? 難しいでしょう?	어렵게 難しく	어렵고 難しいし
어려울 겁니다 難しいでしょう	어려울 거예요 難しいでしょう	어려우면 難しければ
어려우면 됩니다 難しければいいです	어려우면 돼요 難しければいいです	어려우니까 難しいから
어려운 것 같습니다 難しいようです	어려운 것 같아요 難しいようです	어려운데 難しいけど
어려울까요? 難しいでしょうか?	어려울 (때) 難しい (とき)	어려운 (거) 難しい (もの)
어려웠습니다 難しかったです	어려웠어요 難しかったです	어려워요 難しいです
어려워도 됩니다 難しくてもいいです	어려워도 돼요 難しくてもいいです	어려워서 難しいので

예쁘다 　きれいだ　　【으活用】

[jeːʔpuda　イェーップダ]　Ⅰ,Ⅱ 예쁘-, Ⅲ 예뻐-

● 일본 요리는 모양도 참 예쁘죠?
　　日本料理は, 形もとても**きれいですよね**？
● 이 집은 예쁜 노트같은 게 많아요.
　　このお店は, **かわいい**ノートとかが多いです.
● 이 모자 너무 예뻐서 두 개나 샀어요.
　　この帽子, あまりにも**かわいくて**, 2つも買いました.

예쁘겠습니다	예쁘겠어요	예쁩니다
きれいでしょう	きれいでしょう	きれいです
예쁘지 않습니다	예쁘지 않아요	예쁘지만
きれいではないです	きれいではないです	きれいだけれども
예쁘죠?	예쁘게	예쁘고
きれいでしょう?	きれいに	きれいだし
예쁠 겁니다	예쁠 거예요	예쁘면
きれいでしょう	きれいでしょう	きれいなら
예쁘면 됩니다	예쁘면 돼요	예쁘니까
きれいならいいです	きれいならいいです	きれいだから
예쁜 것 같습니다	예쁜 것 같아요	예쁜데
きれいなようです	きれいなようです	きれいだけど
예쁠까요?	예쁠 때	예쁜 (것)
きれいでしょうか?	きれいな (とき)	きれいな (もの)
예뻤습니다	예뻤어요	예뻐요
きれいでした	きれいでした	きれいです
예뻐도 됩니다	예뻐도 돼요	예뻐서
きれいでもいいです	きれいでもいいです	きれいなので

작다 小さい

[tʃaːkʔta チャークタ] Ⅰ작-, Ⅱ작으-, Ⅲ작아-

- 이 핸드폰은 정말 **작고** 가벼워요.
  この携帯は本当に**小さくて**, 軽いんですよ.
- 이거 한 사이즈 **작은** 거 있어요?
  これ, ひとまわり**小さい**サイズありますか？
- 그 쉐타 좀 **작아서** 동생 줬어요.
  あのセーター, ちょっと**小さかったので**, 妹(弟)にあげました.

작겠습니다	작겠어요	작습니다
小さそうです	小さそうです	小さいです
작지 않습니다	작지 않아요	작지만
小さくないです	小さくないです	小さいけれども
작죠?	작게	작고
小さいでしょう？	小さく	小さいし
작을 겁니다	작을 거예요	작으면
小さいでしょう	小さいでしょう	小さければ
작으면 됩니다	작으면 돼요	작으니까
小さければいいです	小さければいいです	小さいから
작은 것 같습니다	작은 것 같아요	작은데
小さいようです	小さいようです	小さいけど
작을까요?	작을 (때)	작은 (것)
小さいでしょうか？	小さい (とき)	小さい (もの)
작았습니다	작았어요	작아요
小さかったです	小さかったです	小さいです
작아도 됩니다	작아도 돼요	작아서
小さくてもいいです	小さくてもいいです	小さいので

적다　少ない

[tʃɔːkʔta チョークタ]　Ⅰ 적-,　Ⅱ 적으-,　Ⅲ 적어-

● 그 회사는 월급이 좀 **적어서** 생각 중이에요.
　あの会社は給料が**少なくて**，考え中です.
● 전 양이 **적은** 편이예요.
　私は少食の方です.
● 이번 일에는 **적어도** 세 명은 필요해요.
　今度の仕事には**少なくても**3人は必要です.

적겠습니다	적겠어요	적습니다
少なそうです	少なそうです	少ないです
적지 않습니다	적지 않아요	적지만
少なくないです	少なくないです	少ないけれども
적죠?	적게	적고
少ないでしょう？	少なく	少ないし
적을 겁니다	적을 거예요	적으면
少ないでしょう	少ないでしょう	少なければ
적으면 됩니다	적으면 돼요	적으니까
少なければいいです	少なければいいです	少ないから
적은 것 같습니다	적은 것 같아요	적은데
少ないようです	少ないようです	少ないけど
적을까요?	적을 (때)	적은 (것)
少ないでしょうか？	少ない (とき)	少ない (もの)
적었습니다	적었어요	적어요
少なかったです	少なかったです	少ないです
적어도 됩니다	적어도 돼요	적어서
少なくてもいいです	少なくてもいいです	少ないので

좋다 良い

[tʃoːtʰa チョッタ] Ⅰ 좋-, Ⅱ 좋으-, Ⅲ 좋아-

● 「もしよかったら…してください」のような場合の「よかったら」には「괜찮으시면」が適切である.
● 날씨가 참 **좋네요**.
　いいお天気ですね.
● 집이 가까워서 너무 **좋겠어요**.
　家が近くて**いい**ですね.

좋겠습니다	좋겠어요	좋습니다
良さそうです	良さそうです	良いです
좋지 않습니다	좋지 않아요	좋지만
良くないです	良くないです	良いけれども
좋죠?	좋게	좋고
良いでしょう？	良く. 良いように	良いし
좋을 겁니다	좋을 거예요	좋으면
良いでしょう	良いでしょう	良ければ
좋으면 됩니다	좋으면 돼요	좋으니까
良ければいいです	良ればいいです	良いから
좋은 것 같습니다	좋은 것 같아요	좋은데
良いみたいです	良いみたいです	良いけど
좋을까요?	좋을 (때)	좋은 (것)
良いでしょうか？	良い (とき)	良い (もの)
좋았습니다	좋았어요	좋아요
良かったです	良かったです	良いです
좋아도 됩니다	좋아도 돼요	좋아서
良くてもいいです	良くてもいいです	良いので

짜다 　塩辛い．(味が)濃い

[ˀtʃada　チャダ]　Ⅰ，Ⅱ，Ⅲ 짜-

- 이 찌개 좀 **짜지 않아요**?
  このチゲ，少し**しょっぱくないんですか**？
- 아버님 건강이 안 좋으셔서 **짜면** 못 드세요.
  お父様の健康があまりすぐれないので，**塩辛いと**，召し上がれません．
- 이 집은 음식이 맛있는데 좀 **짜요**.
  このお店は料理がおいしいけど，ちょっと味が濃いですね．

짜겠습니다	짜겠어요	짭니다
塩辛そうです	塩辛そうです	塩辛いです
짜지 않습니다	짜지 않아요	짜지만
塩辛くないです	塩辛くないです	塩辛いけれども
짜죠?	짜게	짜고
塩辛いでしょう?	塩辛く	塩辛いし
짤 겁니다	짤 거예요	짜면
塩辛いでしょう	塩辛いでしょう	塩辛ければ
짜면 됩니다	짜면 돼요	짜니까
塩辛ければいいです	塩辛ければいいです	塩辛いから
짠 것 같습니다	짠 것 같아요	짠데
塩辛いようです	塩辛いようです	塩辛いけど
짤까요?	짤 (때)	짠 (것)
塩辛いでしょうか?	塩辛い (とき)	塩辛い (もの)
짰습니다	짰어요	짜요
塩辛かったです	塩辛かったです	塩辛いです
짜도 됩니다	짜도 돼요	짜서
塩辛くてもいいです	塩辛くてもいいです	塩辛いので

짧다   短い

[ˀtʃalˀta チャルタ]   Ⅰ 짧-,   Ⅱ 짧으-,   Ⅲ 짧아-

- 이번에는 여행 기간이 너무 **짧아서** 많이 다니지 못했어요.
  今回の旅行は, 期間が短すぎて, あまりあちこち行ってないんです.
- 이 치마 좀 **짧은** 것 같지 않아요?
  このスカート, ちょっと**短すぎませんか**?
- 여름엔 **짧은** 머리가 시원해요.
  夏は, **短い**ヘアスタイルが涼しいんです.

짧겠습니다 短そうです	짧겠어요 短そうです	짧습니다 短いです
짧지 않습니다 短くないです	짧지 않아요 短くないです	짧지만 短いけれども
짧죠? 短いでしょう？	짧게 短く	짧고 短いし
짧을 겁니다 短いでしょう	짧을 거예요 短いでしょう	짧으면 短ければ
짧으면 됩니다 短ければいいです	짧으면 돼요 短ければいいです	짧으니까 短いから
짧은 것 같습니다 短いようです	짧은 것 같아요 短いようです	짧은데 短いけど
짧을까요? 短いでしょうか？	짧을 (때) 短い (とき)	짧은 (것) 短い (もの)
짧았습니다 短かったです	짧았어요 短かったです	짧아요 短いです
짧아도 됩니다 短くてもいいです	짧아도 돼요 短くてもいいです	짧아서 短いので

차다　冷たい

[tʃʰada チャダ]　Ⅰ, Ⅱ, Ⅲ 차-

- 「冷たい飲み物」は, 普通「시원한 음료수」(すずしい飲み物)と言う. また, 「人が冷たい」には「쌀쌀하다」「쌀쌀맞다」を用いる. 「저는 사귀기 전에는 사람한테 쌀쌀하게 하는 것 같아요」(私は, 付き合う前は, 人に冷たくするみたいです)
- 오늘은 바람이 참 **찬 것 같아요**.
　　今日は, 風がとても**冷たいようですね**.

차겠습니다 冷たそうです	차겠어요 冷たそうです	찹니다 冷たいです
차지 않습니다 冷たくないです	차지 않아요 冷たくないです	차지만 冷たいけれども
차죠? 冷たいでしょう?	차게 冷たく	차고 冷たいし
찰 겁니다 冷たいでしょう	찰 거예요 冷たいでしょう	차면 冷たければ
차면 됩니다 冷たければいいです	차면 돼요 冷たければいいです	차니까 冷たいから
찬 것 같습니다 冷たいようです	찬 것 같아요 冷たいようです	찬데 冷たいけど
찰까요? 冷たいでしょうか?	찰 (때) 冷たい (とき)	찬 (바람) 冷たい (風)
찼습니다 冷たかったです	찼어요 冷たかったです	차요 冷たいです
차도 됩니다 冷たくてもいいです	차도 돼요 冷たくてもいいです	차서 冷たいので

춥다　寒い　　【ㅂ変格】

[tɕʰupʔta チュプタ]　Ⅰ춥-, Ⅱ추우-, Ⅲ추워-

- 올해는 겨울이 전혀 **춥지 않아요**.
  今年の冬は全然**寒くないですね**.
- 전 더운 것보다 **추운** 걸 더 못 참겠어요.
  私は, 暑さより寒さの方がもっと耐えられません.
- 오늘은 너무 **추워서** 집에만 있었어요.
  今日は寒すぎて, 家に閉じこもっていました.

춥겠습니다 寒そうです	춥겠어요 寒そうです	춥습니다 寒いです
춥지 않습니다 寒くないです	춥지 않아요 寒くないです	춥지만 寒いけれども
춥죠? 寒いでしょう？	춥게 寒いように	춥고 寒いし
추울 겁니다 寒いでしょう	추울 거예요 寒いでしょう	추우면 寒ければ
추우면 됩니다 寒ければいいです	추우면 돼요 寒ければいいです	추우니까 寒いから
추운 것 같습니다 寒いようです	추운 것 같아요 寒いようです	추운데 寒いけど
추울까요? 寒いでしょうか？	추울 (때) 寒い (とき)	추운 (곳) 寒い (ところ)
추웠습니다 寒かったです	추웠어요 寒かったです	추워요 寒いです
추워도 됩니다 寒くてもいいです	추워도 돼요 寒くてもいいです	추워서 寒いので

크다 大きい 【으活用】

[kʰɯda クダ] Ⅰ, Ⅱ 크-, Ⅲ 커-

- 요즘 애들은 정말 키가 다들 **큰** 것 같아요.
  最近の子どもたちは, ほんとうに身長がみんな**高い**ようですね.
- 잘 안들려요. 좀 **크게** 말씀해 주시겠어요?
  よく聞こえません. 少し大きい声で言っていただけますか?
- 이 옷은 좀 **커서** 못 입어요.
  この服は, ちょっと**大きくて**, 着られません.

크겠습니다 大きいでしょう	크겠어요 大きいでしょう	큽니다 大きいです
크지 않습니다 大きくないです	크지 않아요 大きくないです	크지만 大きいけれども
크죠? 大きいでしょう?	크게 大きく	크고 大きいし
클 겁니다 大きいでしょう	클 거예요 大きいでしょう	크면 大きければ
크면 됩니다 大きければいいです	크면 돼요 大きければいいです	크니까 大きいから
큰 것 같습니다 大きいようです	큰 것 같아요 大きいようです	큰데 大きいけど
클까요? 大きいでしょうか?	클 (때) 大きい(とき)	큰 (것) 大きい(もの)
컸습니다 大きかったです	컸어요 大きかったです	커요 大きいです
커도 됩니다 大きくてもいいです	커도 돼요 大きくてもいいです	커서 大きいので

－하다　…だ
[hada ハダ]　Ⅰ, Ⅱ, Ⅲ 해-

● 이 카페는 **깨끗하고 조용해서** 자주 와요.
　このカフェは**きれいだし, 静かなので**, よく来ます.
● 저하고 형은 목소리가 아주 **비슷해요**.
　私と兄は声がかなり**似ています**.
● 그 애는 대학 때부터 제일 **친한** 친구였어요.
　あの子は大学時代から一番**仲の良い**友達でした.

－하겠습니다 …でしょう	－하겠어요 …でしょう	－합니다 …です
－하지 않습니다 …ではありません	－하지 않아요 …ではありません	－하지만 …だけれども
－하죠? …でしょう?	－하게 …に. …ように	－하고 …くて
－할 겁니다 …でしょう	－할 거예요 …でしょう	－하면 …なら. …ければ
－하면 됩니다 …ければいいです	－하면 돼요 …ければいいです	－하니까 …から
－한 것 같습니다 …ようです	－한 것 같아요 …ようです	－한데 …だけど
－할까요? …でしょうか?	－할 (때) …な (とき)	－한 (것) …な (もの)
－했습니다 …かったです. …でした	－했어요 …かったです. …でした	－해요 …です
－해도 됩니다 …くてもいいです	－해도 돼요 …くてもいいです	－해서 …ので

209

하얗다　　白い　　【ㅎ変格】

[ha:ja'tʰa ハーヤッタ]　Ⅰ하얗-, Ⅱ하야-, Ⅲ하얘-

● 하얗다의 다에 희다(白い)도 사용된다. 特に,「白髪」は「흰 머리」.
「白い色」は「흰 색」または「하얀 색」.
● 우리 집은 다 살결이 **하얘요**.
　うちはみんな肌が**白い**です.
● **하얀** 가방을 사고 싶은데 흰색은 금방 더러워져요.
　白いカバンが買いたいんですが, 白はすぐ汚れますからね.

하얗겠습니다 白いでしょう	하얗겠어요 白いでしょう	하얗습니다 白いです
하얗지 않습니다 白くありません	하얗지 않아요 白くありません	하얗지만 白いけれども
하얗죠? 白いでしょう?	하얗게 白く	하얗고 白いし
하얄 겁니다 白いでしょう	하얄 거예요 白いでしょう	하야면 白ければ
하야면 됩니다 白ければいいです	하야면 돼요 白ければいいです	하야니까 白いから
하얀 것 같습니다 白いようです	하얀 것 같아요 白いようです	하얀데 白いけど
하얄까요? 白いでしょうか?	하얄 (때) 白い (とき)	하얀 (것) 白い (もの)
하얬습니다 白かったです	하얬어요 白かったです	하얘요 白いです
하얘도 됩니다 白くてもいいです	하얘도 돼요 白くてもいいです	하얘서 白いので

아니다   …ではない. 違う   指定詞

[anida アニダ] Ⅰ, Ⅱ 아니-, Ⅲ 아니에-/아니라-

- 전 이번주가 **아니면** 시간이 없는데요.
  私は今週じゃないと時間がないんですが.
- 오늘이 **아니라도** 언제 식사라고 같이 해요.
  今日じゃなくても, 今度食事でも一緒にしましょう.
- 계속 서울에서 살았지만 고향은 서울이 **아니에요**.
  ずっとソウルに住んでいましたが, 故郷はソウルではありません.

아니겠습니다 …ではなさそうです	아니겠어요 …ではなさそうです	아닙니다 …ではありません
―	―	아니지만 …ではないけれども
아니죠? …ではないでしょう?	아니게 …ではないように	아니고/아니라 …ではなくて
아닐 겁니다 …ではないでしょう	아닐 거예요 …ではないでしょう	아니면 …でなければ
아니면 됩니다 …でなければいいです	아니면 돼요 …でなければいいです	아니니까 …ではないから
아닌 것 같습니다 …でないようです	아닌 것 같아요 …でないようです	아닌데 …ではないけど
아닐까요? …ではないでしょうか?	아닐 (때) …ではない(とき)	아닌 (것) …ではない(もの)
아니었습니다 …ではありませんでした	아니었어요 …ではありませんでした	아니에요 …ではありません
아니라도 됩니다 …でなくてもいいです	아니라도 돼요 …でなくてもいいです	아니라서 …ではないので

－이다   …である   指定詞

[ida イダ] Ⅰ,Ⅱ 이-, Ⅲ 이에-/이라-/이어-

- 시월이면 가을인데 계속 덥네요.
  10月だと秋なのにずっと暑いですね.
- 내일이 아마 그 친구 생일일 거예요.
  明日がたぶんあの人の誕生日だと思います.
- 오늘 일요일이라서 백화점에 사람이 많을 거예요.
  今日日曜日だから, デパートに人が多いと思いますよ.

-이겠습니다 …でしょう	-이겠어요 …でしょう	-입니다 …です
―	―	-이지만 …だけれども
-이죠? …でしょう?	-이게 …であるように	-이고 …だし
-일 겁니다 …でしょう	-일 거예요 …でしょう	-이면 …なら
-이면 됩니다 …ならいいです	-이면 돼요 …ならいいです	-이니까 …だから
-인 것 같습니다 …のようです	-인 것 같아요 …のようです	-인데 …だけど
-일까요? …でしょうか?	-일 (때) …の(とき)	-인 (것) …である(もの)
-이었습니다 …でした	-이었어요 …でした	-이에요 …です
-이라도 됩니다 …でもいいです	-이라도 돼요 …でもいいです	-이라서 …なので

活用のポイント

　ここでは用言やその活用で注意すべきことや参考になること，間違いやすいことがらを見る．

●하다動詞．形容詞の例
　使用頻度の高い하다動詞，形容詞には次のようなものがある：

결혼하다	結婚する
공부하다	勉強する
구경하다	見物する
도착하다	到着する
말하다	話す．しゃべる
사랑하다	愛す．愛する
시작하다	始める
인사하다	あいさつする
일하다	仕事する．働く
좋아하다	好む．好きだ
깨끗하다	きれいだ．清潔だ
시원하다	涼しい
조용하다	静かだ
친하다	親しい．仲がいい
피곤하다	疲れる．疲れている
미안하다	すまない

これらの現在連体形は、하다動詞は「-하는」、하다形容詞は「-한」となる：

「-하다」形容詞	「-하다」動詞
조용한 카페：静かなカフェ	일하는 날：仕事する日
친한 친구：親しい友達	공부하는 사람：勉強する人

● Ⅱ-려고 하다「…しようと思う」

「…しようと思う」「…しようと思っている」「…しようとする」「…しようとしている」となるが、主体が話し手自身の場合は「…しようと思う」「…しようと思っている」になる：

저는 한국어를 배우려고 해요.　　私は韓国語を学ぼうと思います．
저는 사진을 찍으려고 해요.　　　私は写真を撮ろうと思います．

친구가 한국어를 배우려고 해요.　友達が韓国語を学ぼうとしています．
친구가 사진을 찍으려고 해요.　　友達が写真を撮ろうとしています．

꽃이 피려고 해요.　　　　　　　　花が咲こうとしています．

● Ⅱ-ㅂ시다「…しよう」

多くの教科書や文法書などに「…しましょう」とあるが、目上の人にこの形は用いない．本書では「…しよう」という訳を付してある．

● Ⅰ-고「…し．…するし」　Ⅱ-니까「…するから」　Ⅲ-서「…するので」

これらの文法形式は2つの文をつなぎ、2つのことがらがどのような関係にあるかを表す．

① たとえばⅠ-고によって2つの文をつなぐと:

　　　　저는 와인도 잘 **마셔요**. 　　그리고 소주도 잘 마셔요.
　　　　私はワインもよく飲みます. 　　そして焼酎もよく飲みます.

　　　　　　　　　　　↓

　　　　저는 와인도 잘 **마시고** 소주도 잘 마셔요.
　　　　　私はワインもよく<u>飲むし</u>, 焼酎もよく飲みます.

たとえばⅡ-니까によって2つの文をつなぐと:

　　　　비가 **와요**. 　　　　그러니까 우산을 가져 가세요.
　　　　雨が降っています. 　　だから傘を持って行ってください.

　　　　　　　　　　　↓

　　　　비가 **오니까** 우산을 가져 가세요.
　　　　　雨が<u>降っているから</u>, 傘を持って行ってください.

たとえばⅢ-서によって2つの文をつなぐと:

　　　　일이 **있어요**. 　　　　그래서 오늘은 못 가요.
　　　　仕事があります. 　　　　なので今日は行けません.

　　　　　　　　　　　↓

　　　　일이 **있어서** 오늘은 못 가요.
　　　　　仕事が<u>あるので</u>, 今日は行けません.

② 2つのことがらが並列, 先行, 様態, 原因, 理由といった関係にあることを表す.

文法形式	意味	例文
Ⅰ-고	並列	저는 녹차를 **마시고** 친구는 커피를 마셨어요. 私は緑茶を飲み, 友達はコーヒーを飲みました. 저는 와인도 **마시고** 소주도 마셔요. 私はワインも飲むし, 焼酎も飲みます.
	先行	아침에 차를 한 잔 **마시고** 일을 시작해요. 朝はお茶を一杯飲んでから, 仕事を始めます.
Ⅲ-서	先行	친구를 **만나서** 영화를 봤어요. 友達と会って, 映画を見ました.
	様態	역까지 **걸어서** 갔어요. 駅まで歩いて行きました.
	原因	시간이 **없어서** 점심도 못 먹었어요. 時間がなくて, お昼も食べられませんでした.
Ⅱ-니까	理由	시간이 **없으니까** 택시로 갈까요? 時間がないから, タクシーで行きましょうか?
	契機	물어 **보니까** 한 시 약속이었어요. 聞いてみたら, 1時の約束でした.

「先行」を表すⅠ-고とⅢ-서の違い

動詞に用いると, これら2つの形は次のように異なった意味を実現する:

　　Ⅰ-고：前の動作が完全に終わってから次の動作を行う.
　　Ⅲ-서：前の動作を行ったことによって生じた状態で次の動作を行う.

　　친구를 만나서 영화를 봤어요.
　　　友達と会って(会った状態で), 映画を見ました.

아침에 샤워를 하고 이를 닦아요.
　　朝はシャワーをしてから，歯を磨きます．

도서관에 가서 책을 읽었어요.
　　図書館に行って(行った状態で)，本を読みました．
점심을 먹고 백화점 갔어요.
　　お昼を食べて，デパートに行きました．

「様態」を表すⅢ-서

動詞につくと，動作がどのように行われるかという「様態」を表すことができる：

座って話しましょう．　　　　앉아서 얘기하죠. (앉다)
立って話しました．　　　　　서서 얘기했어요. (서다)
ふたを回して開けてください．뚜껑을 돌려서 여세요. (돌리다)

「様態」を表すⅠ-고

ただし，입다(着る)や신다(履く)などのように，主体が起こした動作が主体自身の身体の一部に及ぶようなことがらを表す動詞の場合は，Ⅲ-서ではなく，Ⅰ-고の形で先行を表す：

코트를 입고 수업을 받았어요.　(입다:着る)
　　コートを着て授業を受けました．
운동화를 신고 나가고 싶어요.　(신다:履く)
　　スニーカーを履いて出かけたいです．

「原因」を表すⅢ-서と「理由」を表すⅡ-니까

Ⅲ-서：「…するので…なのだ」のような文において，「…するので」という原因を

表す. Ⅱ-니까に比べ, その原因によって「当然そうなる」といった, 比較的, 自然な結果が後に続く場合が多い. 形容詞や存在詞のⅢ-서の形は原因の意味を表すことが多い. なお, 動詞のⅢ-서の形が原因を表す場合は「너무 많이」(あまりにも)などを伴うことも多い.

Ⅱ-니까:「…するから…なのだ」のような文において,「…するから」という理由を表す. Ⅲ-서に比べ, その理由付けは話し手の主観的な考えであることが多い.

文末が「Ⅱ-십시오」(…してください),「Ⅱ-세요」(…してください),「Ⅲ 주십시오」(…してください),「Ⅲ 주세요」(…してください)のような「命令」や「依頼」の形となっている場合, あるいは「Ⅱ-ㄹ까요?」(…しましょうか?)という「相談」の形となっている場合に理由を表すには,「Ⅱ-니까」が用いられる:

「雨が降っているので(理由), 傘を持って行ってください(命令)」は
　　비가 **오니까** 우산을 가져 가세요　○

　　비가 **와서** 우산을 가져 가세요　　×
　　(文末が命令なので, Ⅲ-서は使えない)

「…したので」のように過去のことを原因にする場合でも, Ⅲ-서は해서の形を取り, 했어서という形はない. Ⅱ-니까には하니까のほかにⅢ-ㅆ으니까つまり했으니까という過去の形がある.

● Ⅰ-고 있다「…している」

「공부하고 있습니다」「일하고 있습니다」のように, 動作の進行を表す.「벽에 그림이 걸려 있습니다」のような状態を表す「…しています」は「Ⅲ 있다」や過去形で

表す：

> 동생은 방에서 공부하고 있어요.
> 　　　(공부하다「勉強する」のⅠ-고 있어요)
> 　弟は部屋で勉強しています．

> 벽에 그림이 걸려 있어요.
> 　　　(걸리다「掛かる」の「Ⅲ 있어요」)
> 　壁に絵が掛かっています．

> 지금 오사카에 가고 있어요
> 　今大阪に行きつつあります(行くところです)．
> 지금 오사카에 가 있어요
> 　大阪に行って(もうそこに)います．

ただし，입다(着る)や신다(履く)などのように，主体が起こした動作が主体の身体の一部に及ぶ動作を表す動詞の場合は，「Ⅰ-고 있다」で着ている状態や履いている状態などを表せる：

> 양복을 입고 있어요
> 　スーツを着ています．
> 운동화를 신고 있어요
> 　スニーカーを履いています．

● Ⅱ-세요の3つの意味
　Ⅱ-세요は主として次のように3つの意味になりうる．

① 　　…なさいます：Ⅱ-십니다と同じ意味
② 　　…なさいますか？：Ⅱ-십니까?と同じ意味
③ 　　…してください：Ⅱ-십시오と同じ意味

例：가다(行く)の場合

①	…なさいます	Ⅱ-십니다	Ⅱ-세요
	お行きになります	가십니다	가세요
②	…なさいますか？	Ⅱ-십니까?	Ⅱ-세요
	お行きになりますか？	가십니까?	가세요?
③	…してください	Ⅱ-십시오	Ⅱ-세요
	行ってください	가십시오	가세요

● Ⅰ-습니다/Ⅱ-ㅂ니다. Ⅲ-요と
　　　Ⅰ-겠습니다. Ⅰ-겠어요と
　　　　　Ⅱ-ㄹ 겁니다. Ⅱ-ㄹ 거예요

これらの3つの形は日本語に訳すと，いずれも「…します」となる場合がある．これらの意味の違いを示しておく：

	意味	例文
Ⅰ-습니다/ Ⅱ-ㅂ니다 Ⅲ-요	現在：…します． 　　　…しています	지금 공부해요. 今勉強しています．
	未来：…します	내일 한국에 가요. 明日韓国に行きます．
Ⅰ-겠습니다 Ⅰ-겠어요	…します (現場での判断としての意志)	제가 내일 한국에 가겠습니다. 私が明日韓国に行きます．

		…しそうです(判断)	아무래도 늦겠어요. どうしても遅れそうです.
Ⅱ-ㄹ 겁니다 Ⅱ-ㄹ 거예요		…します (推量としての意志)	저 내일 한국에 갈 거예요. 私, 明日韓国に行きます.
		…するでしょう(推量)	아마 늦을 거예요 たぶん遅れるでしょう.

「意志」を表すⅠ-겠습니다. Ⅰ-겠어요とⅡ-ㄹ 겁니다. Ⅱ-ㄹ 거예요

　Ⅰ-겠습니다/Ⅰ-겠어요：発話の現場で判断を下した意志の表明.
　Ⅱ-ㄹ 겁니다/Ⅱ-ㄹ 거예요：発話の現場にないことがら, 未来において起こりうることがらとして, 話し手が想像した意志を表す.

　なお,「Ⅱ-ㅂ니다/Ⅰ-습니다」,「Ⅲ-요」が表す未来には, 例えば「そうすることになっている」というような既然的な意味合いがある.

Ⅰ-겠습니다. Ⅰ-겠어요(…しそうです)と
　　　Ⅱ-ㄹ 겁니다. Ⅱ-ㄹ 거예요(…するでしょう)

　Ⅰ-겠습니다. Ⅰ-겠어요：しばしば話の現場で「今にも…しそう」といった臨場感を伴う.
　Ⅱ-ㄹ 겁니다. Ⅱ-ㄹ 거예요：発話の現場にないことがらや未来のことに対して, 話し手が「たぶん…するでしょう」「おそらく…するでしょう」という推量の意味で述べる. 日本語で「…すると思う」で表されることの大部分はこの形で表すことができる.

● Ⅱ-ㄹ 수 있다
　「…することができる」「…することもあり得る」(**可能. 可能性**)
文脈によって「…することができる」や「…することもあり得る」という「可能」「可

能性」の意味を表す：

　　　　내일은 갈 수 있어요．　明日は行くことができます．
　　　　내일 갈 수도 있어요．　明日行くこともあり得ます．

とりわけ動作の主体が人間ではない場合は，「…することもあり得る」の意味となる：

　　　　시간이 많이 걸릴 수도 있어요．
　　　　　時間が多くかかることもあり得ます．
　　　　그런 일도 있을 수 있어요．
　　　　　そういうこともありますよ．

● Ⅱ-ㄹ까요？「…しましょうか？」「…するでしょうか？」（相談）
　「(私が)…しましょうか？」「(私達が一緒に)…しましょうか？」の他に，動作の主体が第三者の場合は「…するでしょうか？」という意味になる．いずれも聞き手に判断を仰ぐ形である：

　　　　제가 갈까요？　　　　私が行きましょうか？
　　　　같이 갈까요？　　　　一緒に行きましょうか？
　　　　그 사람이 갈까요？　　あの人が行くでしょうか？

●「否定」を表す「안 …」と「Ⅰ-지 않다」
　否定には，「Ⅰ-지 않다」という後置否定の他に，用言の前に副詞안を置く前置否定がある：

　　　例）가다(行く)　　　　가지 않습니다 (行きません)　　　　後置否定

　　　　　　　　　　안 갑니다 (行きません)　　　　　　前置否定

例) 가깝다(近い)　가깝지 않습니다 (近くありません)　後置否定
　　　　　　　　　안 가까워요 (近くありません)　　　前置否定

●「…くなる」「…になる」の表現

　日本語の「よくなる」「暑くなる」「きれいになる」「静かになる」などのような,「…くなる」「…になる」にあたる形として次のものがある:

　　　Ⅲ-지다

　よく使われる「Ⅲ-지다」には次のようなものがある:

가깝다	近い	가까워지다	近くなる
넓다	広い	넓어지다	広くなる
다르다	異なる	달라지다	変わる
덥다	暑い	더워지다	暑くなる
많다	多い	많아지다	多くなる
멀다	遠い	멀어지다	遠くなる
빨갛다	赤い	빨개지다	赤くなる
예쁘다	きれいだ	예뻐지다	きれいになる
작다	小さい	작아지다	小さくなる
좋다	いい	좋아지다	よくなる
친하다	親しい	친해지다	親しくなる

　그렇다(そうだ), 기쁘다(嬉しい), 반갑다(嬉しい)などは,「Ⅲ-지다」の形はあるが, ほとんど使用されない. なお「Ⅲ-지다」で作られた単語は動詞であ

る.

●一部の形容詞は「Ⅲ-하다」の形で動詞となる

「…がる」「そのようにする」「そのように言う」の意味である:

귀엽다	かわいい	귀여워하다	かわいがる
기쁘다	嬉しい	기뻐하다	喜ぶ
덥다	暑い	더워하다	暑がる
맛있다	おいしい	맛있어하다	おいしいと言う
바쁘다	忙しい	바빠하다	忙しがる
반갑다	(会えて)嬉しい	반가워하다	(会えて)喜ぶ
슬프다	悲しい	슬퍼하다	悲しむ
싫다	嫌だ	싫어하다	嫌う
어렵다	難しい	어려워하다	難しがる
예쁘다	きれいだ	예뻐하다	かわいがる
좋다	良い	좋아하다	好く
춥다	寒い	추워하다	寒がる

教材に現れた用言

下記の表は，日本と韓国で発行されている 12 種の教科書，辞書，及びハングル能力検定試験の語彙リストに現れる用言の一覧である．本書では，6 種以上に現れている用言を採択した．

「コ」:『コスモス朝和辞典』(白水社)，「至」:『至福の朝鮮語』(朝日出版社)，「小」:『朝鮮語辞典』(小学館)，「暮」:『暮らしの単語集』(ナツメ社)，「延」:『韓国語 1』(延世大学校)，「高」:『韓国語 1』(高麗大学校)，「カ」:『カナダ 1』(Sisa Education)，「で」:『できる韓国語』(梨花女子大学校)，「旧5」:2002年度のハングル能力検定試験5級，「旧4」:2002年度のハングル能力検定試験4級，「新5」:2006年度改定のハングル能力検定試験5級，「新4」:2006年度改定のハングル能力検定試験4級．□は本書採択のもの

No	出現用言	意味	コ	小	暮	至	延	高	カ	で	旧5	旧4	新5	新4
1	가깝다	近い	○	○	○	○	○	○	○			○		
2	가꾸다	育てる		○										
3	가늘다	細い	○											
4	가다	行く	○	○	○	○	○	○						
5	가르다	分ける		○		○								
6	가르치다	教える	○	○		○		○		○	○	○		
7	가리키다	指す		○										
8	가볍다	軽い	○	○				○						○
9	가지다	持つ	○	○	○		○				○	○	○	
10	간지럽다	くすぐったい		○										
11	감다	(髪を)洗う		○			○					○	○	
12	갑작스럽다	急だ				○								
13	갖추다	備える		○										
14	같다	同じだ	○	○	○	○		○			○	○	○	
15	갚다	返す				○								
16	거두다	収める	○											
17	거치다	経る		○										
18	건너다	渡る	○	○			○			○				
19	걷다	歩く	○		○		○							○
20	걸다	掛ける	○	○		○	○	○				○	○	
21	걸리다	掛かる		○		○	○	○			○	○		
22	검다	黒い	○	○										○
23	겪다	経験する．経る		○										
24	견디다	耐える		○										
25	계시다	いらっしゃる	○	○		○	○		○		○	○		
26	고르다	選ぶ	○	○	○		○							

No	出現用言	意味	コ	小	暮	至	延	高	カ	で	旧5	旧4	新5	新4
27	고맙다	ありがたい	○	○	○	○	○		○					○
28	고치다	直す	○											
29	고프다	空腹だ		○			○	○	○			○	○	
30	곱다	きれいだ	○					○						
31	괜찮다	大丈夫だ	○	○	○	○		○			○	○	○	
32	괴롭다	苦しい	○	○										
33	굳다	固い	○	○										
34	굵다	太い	○	○										
35	굶다	飢える		○	○									
36	굽다	焼く	○	○										
37	귀엽다	かわいい	○				○	○	○					
38	귀찮다	面倒だ			○									
39	그러다	そうする			○	○								
40	그렇다	そうだ	○	○	○	○		○						
41	그리다	描く	○					○						○
42	그립다	懐かしい						○						
43	그만두다	やめる			○									
44	그치다	止む	○	○										
45	긋다	(線を)引く		○										
46	기다	這う	○				○							
47	기다리다	待つ	○	○	○	○	○	○			○	○	○	
48	기르다	飼う	○	○										
49	기쁘다	嬉しい	○	○			○	○				○		○
50	길다	長い	○	○	○	○		○				○	○	
51	깊다	深い	○	○		○		○						○
52	까다	剥ぐ		○										
53	까다롭다	ややこしい		○										
54	까맣다	黒い	○	○	○		○							
55	깎다	削る	○											○
56	깨다	割る	○	○										○
57	꺾다	折る	○											
58	꽂다	挿す		○										
59	꾸다	(夢を)見る												○
60	꾸미다	かざる		○										
61	끄다	消す	○	○								○		○
62	끊다	切る	○				○						○	
63	끌다	引っ張る	○	○										○
64	끓다	沸く		○										
65	끓이다	沸かす		○			○	○						
66	끼다	はめる	○	○						○				
67	끼치다	(迷惑を)かける		○										

No	出現用言	意味	コ	小	暮	至	延	高	カ	で	旧5	旧4	新5	新4
68	나누다	分ける	○	○										○
69	나다	出る	○	○	○	○	○	○	○	○	○	○	○	
70	나쁘다	悪い	○	○	○		○	○					○	○
71	날다	飛ぶ	○	○								○		
72	날카롭다	鋭い		○										
73	남기다	残す		○					○					○
74	남다	残る	○	○							○		○	
75	낫다	治る												○
76	낮다	低い	○				○				○	○	○	
77	낳다	産む	○	○										
78	내다	出す	○	○	○	○	○			○	○	○	○	
79	내리다	降りる	○	○			○	○		○		○	○	
80	넓다	広い					○	○		○				○
81	넘다	超える	○		○									○
82	넘어지다	転ぶ	○	○										
83	넣다	入れる	○	○	○		○	○		○		○	○	
84	노랗다	黄色い	○	○	○		○							
85	녹다	溶ける	○	○										
86	놀다	遊ぶ	○	○	○		○	○	○			○	○	
87	놀라다	驚く	○	○									○	
88	높다	高い	○	○	○	○	○	○		○	○	○	○	
89	놓다	置く	○		○		○	○		○		○	○	
90	누르다	押さえつける	○	○										
91	눕다	横になる	○	○										○
92	느끼다	感じる	○	○		○								○
93	늘다	伸びる										○		○
94	늙다	老いる	○	○										
95	늦다	遅れる, 遅い	○	○		○	○					○	○	
96	다니다	通う	○	○	○	○	○	○			○	○	○	
97	다듬다	整える		○										
98	다루다	扱う		○										
99	다르다	異なる	○	○	○	○		○						○
100	다치다	怪我をする	○	○								○		
101	다투다	争う	○											
102	닦다	磨く	○	○			○	○	○					○
103	닫다	閉める	○	○			○				○	○	○	
104	달다	甘い	○	○			○				○		○	
105	달라지다	変わる		○										○
106	달리다	走る	○	○								○		○
107	닮다	似る		○										
108	담그다	漬ける		○										

No	出現用言	意味	コ	小	暮	至	延	高	カ	で	旧5	旧4	新5	新4
109	담다	盛る		○										○
110	닿다	(手が)届く	○	○										
111	대다	あてがう.あてる					○							
112	더럽다	汚い	○	○				○	○					
113	던지다	なげる		○										○
114	덜다	減らす		○										
115	덥다	暑い	○	○			○	○	○			○		
116	덮다	覆う.かぶせる	○											
117	데리다	連れる		○	○									
118	돌다	回る	○	○			○							○
119	돌리다	回す		○		○								○
120	돌아가시다	お亡くなりになる					○							
121	돕다	助ける	○				○	○						
122	되다	なる	○	○	○		○	○		○	○	○		
123	두껍다	厚い	○											
124	두다	置く	○		○		○			○		○		
125	두렵다	怖い	○											
126	두르다	回す.巡らす	○											
127	둥글다	丸い	○	○										
128	드리다	差し上げる	○	○	○	○	○				○			○
129	드시다	召し上がる			○	○					○			
130	듣다	聴く	○	○	○	○	○	○	○					
131	들다	持つ.(気に)入る	○		○	○	○	○	○			○	○	
132	들르다	立ち寄る					○							
133	들리다	聞こえる				○		○			○		○	○
134	따다	摘む.取る	○	○										
135	따르다	従う	○	○								○		
136	때리다	叩く	○	○										
137	떠나다	離れる.発つ	○	○	○		○			○	○	○		
138	떠들다	騒ぐ					○	○		○				
139	떨어지다	落ちる	○	○			○						○	
140	떼다	放す	○											
141	뚫다	うち抜く		○										
142	뛰다	飛び跳ねる.	○								○			○
143	뜨겁다	熱い	○	○	○		○							
144	뜨다	浮く	○									○		
145	띠다	帯びる		○										
146	마르다	乾く	○	○			○	○						
147	마시다	飲む	○	○	○		○	○	○		○			○
148	마치다	終える				○						○		○
149	막다	防ぐ		○										

No	出現用言	意味	コ	小	暮	至	延	高	カ	で	旧5	旧4	新5	新4
150	막히다	(道が)込んでいる					○							
151	만나다	会う	○	○	○	○	○	○	○	○	○	○	○	
152	만들다	作る	○	○	○			○	○			○	○	
153	만지다	触る	○	○										
154	많다	多い	○	○	○	○		○	○			○	○	
155	말다	とりやめる	○	○										
156	말씀하시다	おっしゃる					○	○						
157	맑다	晴れている			○			○	○					
158	맛있다	おいしい	○	○			○	○	○			○	○	
159	망설이다	ためらう				○								
160	맞다	合う	○	○	○				○			○	○	
161	맞추다	合わせる												○
162	맡다	担当する	○	○										○
163	매다	結ぶ	○			○								○
164	맵다	辛い	○	○	○	○		○	○					○
165	먹다	食べる	○	○	○	○	○	○	○			○	○	
166	멀다	遠い	○	○	○	○		○	○			○	○	
167	메다	背負う			○									
168	모르다	分からない	○	○	○	○						○	○	
169	모시다	仕える	○	○	○									
170	모으다	集める	○	○		○							○	
171	모이다	集まる					○							
172	모자라다	足りない		○										
173	무겁다	重い	○	○				○	○					
174	무너지다	崩れる		○										
175	무덥다	むし暑い		○										
176	무섭다	怖い	○	○	○									
177	묵다	泊まる				○								
178	묶다	括る.結ぶ	○	○	○	○								
179	묻다	尋ねる		○										○
180	물다	噛む	○	○										
181	미치다	及ぶ		○										
182	믿다	信じる	○	○								○	○	
183	밀다	押す	○	○				○						
184	밉다	憎い	○	○										
185	바꾸다	代える	○	○		○						○	○	
186	바라다	望む		○										○
187	바르다	塗る	○	○										
188	바쁘다	忙しい	○	○	○	○		○				○	○	
189	바치다	捧げる	○	○										
190	박다	(釘などを)打つ		○										

No	出現用言	意味	コ	小	暮	至	延	高	カ	で	旧5	旧4	新5	新4
191	반갑다	(会えて)嬉しい	○	○	○		○		○					○
192	받다	受け取る. もらう	○	○	○	○	○	○	○	○	○	○		
193	밝다	明るい	○	○										○
194	밝히다	明らかにする			○									○
195	밟다	踏む	○	○										
196	배우다	学ぶ. 習う	○	○	○	○	○	○	○	○	○	○		
197	버리다	捨てる	○	○	○					○		○		
198	벌다	(お金を)稼ぐ					○							
199	벗다	脱ぐ	○	○		○					○	○		
200	베다	切る	○											
201	보내다	送る	○	○	○	○	○	○	○	○				
202	보다	見る	○	○	○	○	○	○	○	○				
203	보이다	見せる. 見える		○	○		○				○	○		
204	복잡해지다	複雑になる				○								
205	뵙다	お目にかかる	○	○	○		○							○
206	뵙겠다	お目にかかる					○		○	○				
207	부끄럽다	恥ずかしい	○	○			○		○		○			○
208	부드럽다	やわらかい	○											
209	부럽다	うらやましい		○			○							
210	부르다	歌う. 呼ぶ	○	○		○	○	○						○
211	부르다	(お腹が)いっぱいだ		○			○	○						
212	부리다	おしゃれをする					○							
213	부치다	(郵便物などを)出す	○	○										
214	불다	吹く	○	○			○		○	○		○		○
215	붉다	赤い	○											
216	붓다	注ぐ. はれる		○										
217	붙다	付く	○	○									○	
218	붙이다	付ける		○										○
219	비다	空く					○							
220	빗다	(髪を)とかす					○				○			
221	비싸다	(値が)高い	○	○	○	○	○	○	○	○	○	○		
222	빌리다	借りる			○		○		○					○
223	빠르다	速い	○	○		○	○							○
224	빠지다	抜ける	○											
225	빨갛다	赤い	○	○	○		○							
226	빨다	洗う	○	○	○						○			
227	빼다	抜く	○											
228	빼앗기다	奪われる				○								
229	빼앗다	奪う	○	○										
230	뽑다	選ぶ. 引き抜く	○	○										
231	뿌리다	巻く	○	○										

No	出現用言	意味	コ	小	暮	至	延	高	カ	で	旧5	旧4	新5	新4
232	사다	買う	○	○	○	○	○	○	○		○	○	○	
233	살다	住む. 暮らす	○	○	○		○	○	○	○	○		○	
234	살리다	生かす		○										
235	삶다	ゆでる		○										
236	삼다	みなす		○										
237	살피다	窺う	○	○										
238	삼키다	飲み込む	○	○										
239	새롭다	新しい		○		○								
240	생기다	(新しく)できる	○	○		○	○							○
241	서다	立つ. (列に)並ぶ	○	○		○	○	○	○		○	○	○	
242	서두르다	急ぐ	○	○										
243	섞다	混ぜる		○										
244	세다	数える	○	○		○							○	
245	세우다	立てる		○			○						○	
246	속다	だまされる		○										
247	솟다	そびえる	○											
248	숨기다	隠す		○		○								
249	숨다	隠れる		○										
250	쉬다	休む	○	○	○		○	○	○		○		○	
251	쉽다	易しい. 簡単だ	○	○			○	○	○		○	○		
252	슬프다	悲しい	○	○			○							○
253	시끄럽다	うるさい						○	○					
254	시다	酸っぱい		○										
255	시키다	させる. 注文する	○	○			○	○				○		
256	신다	履く	○	○			○	○		○		○		
257	싣다	(荷を)積む		○			○							
258	싫다	いやだ	○	○	○	○					○	○	○	
259	심다	植える	○	○										
260	싱겁다	(味が)薄い	○	○				○						
261	싶다	…したい	○	○		○								
262	싸다	安い	○	○		○	○		○		○	○	○	
263	싸우다	けんかする	○	○	○		○	○						○
264	쌓다	積み上げる	○	○										
265	쌓이다	積もる. たまる					○							
266	썩다	くさる		○										
267	쏘다	射る. (銃で)撃つ	○	○		○								
268	쏟다	こぼす		○										
269	쓰다	書く	○	○	○	○	○	○			○	○		
270	쓰다	使う	○	○	○		○			○		○	○	
271	쓰러지다	倒れる	○	○										
272	씹다	噛む		○										

No	出現用言	意味	コ	小	暮	至	延	高	カ	で	旧5	旧4	新5	新4
273	씻다	洗う	○	○	○		○	○	○		○			○
274	아깝다	もったいない		○										
275	아끼다	大事にする		○										
276	아니다	(…では)ない	○	○		○	○	○	○			○	○	
277	아름답다	美しい	○	○			○	○	○	○			○	
278	아프다	痛い		○	○	○	○	○	○			○	○	
279	안다	抱く	○											
280	앉다	座る	○		○		○	○	○			○	○	
281	않다	…しない	○	○		○								
282	알다	知る.分かる	○	○	○	○	○	○	○	○		○	○	
283	알리다	知らせる					○							○
284	얇다	薄い	○	○										
285	얕다	浅い	○	○										
286	어둡다	暗い	○					○						○
287	어떻다	どうだ	○	○	○	○	○		○					
288	어렵다	難しい	○	○	○	○	○	○	○	○			○	
289	어리다	幼い	○	○			○							○
290	어울리다	似合う						○						
291	얹다	(上に)載せる		○										
292	얻다	得る	○	○										○
293	얼다	凍る	○	○										
294	없다	ない.いない				○	○	○	○			○	○	
295	없어지다	無くなる								○				
296	열다	開ける	○	○			○	○	○			○	○	
297	열리다	開く												○
298	엷다	薄い	○	○										
299	예쁘다	きれいだ	○	○	○		○	○	○				○	○
300	오다	来る	○	○	○	○	○	○	○	○		○	○	
301	오르다	のぼる	○	○	○		○	○						○
302	올리다	上げる		○										○
303	옮기다	移す		○										
304	옮다	移る		○										
305	옳다	正しい	○	○										
306	외롭다	さびしい					○							
307	외우다	覚える			○									○
308	우습다	おかしい		○										
309	울다	泣く.鳴く	○				○	○				○	○	
310	움직이다	動く.動かす	○	○	○									○
311	웃다	笑う	○	○	○		○		○			○		
312	이기다	勝つ	○	○			○					○		○
313	-이다	…である	○	○		○	○	○				○	○	○

No	出現用言	意味	コ	小	暮	至	延	高	カ	で	旧5	旧4	新5	新4
314	이렇다	こうだ		○	○	○								
315	이루다	成す		○										
316	이루어지다	成される		○										
317	이룩하다	成し遂げる		○										
318	이르다	早い		○				○						
319	익다	熟する. 実る	○	○										
320	익히다	熟させる. 慣らす		○										
321	일으키다	立ち上がらせる	○	○										
322	읽다	読む	○	○	○		○	○	○		○	○		
323	잃다	無くす. 失う	○	○	○							○	○	
324	입다	着る	○	○	○	○	○	○	○	○	○	○		
325	잇다	つなぐ	○	○		○								
326	있다	ある. いる	○	○	○	○	○	○	○	○	○	○		
327	잊다	忘れる	○	○							○	○		
328	자다	寝る	○	○	○	○	○	○	○		○	○		
329	자라다	育つ	○	○										○
330	자르다	切る		○										
331	작다	小さい	○	○	○			○	○		○	○		
332	잡다	つかむ	○	○	○	○					○	○		
333	잡수시다	召し上がる	○	○	○			○			○			
334	잡히다	つかまる		○										
335	재다	はかる	○	○										
336	저렇다	ああだ		○	○		○							
337	적다	少ない	○	○	○			○	○		○	○		
338	젊다	若い	○	○	○									○
339	점잖다	おとなしい		○										
340	접다	折る		○										
341	젖다	濡れる	○	○										
342	조르다	せがむ		○										
343	졸다	居眠りをする		○				○						
344	좁다	狭い	○	○			○			○				○
345	좋다	良い	○	○	○		○	○	○		○	○		
346	주다	あげる. くれる	○	○	○		○	○	○		○	○		
347	주무시다	お休みになる	○	○	○		○		○			○		○
348	죽다	死ぬ	○	○	○									○
349	줄다	減る		○										
350	줄이다	減らす		○										
351	쥐다	にぎる	○	○										
352	즐겁다	楽しい	○	○			○	○						
353	즐기다	楽しむ								○				
354	지나다	過ぎる	○	○		○				○			○	

No	出現用言	意味	コ	小	暮	至	延	高	カ	で	旧5	旧4	新5	新4
355	지나치다	(度が)過ぎる		○										
356	지내다	過ごす		○			○	○						○
357	지니다	持つ.身に付ける		○										
358	지다	負ける.散る	○	○			○	○				○		○
359	지키다	守る	○	○				○						○
360	집다	つまむ.拾う		○										
361	짓다	(ご飯などを)作る	○	○		○								○
362	짙다	濃い		○										
363	짜다	塩辛い	○	○	○				○			○		○
364	짧다	短い	○	○	○			○			○	○	○	
365	쫓다	追いはらう	○	○										
366	찍다	(写真を)撮る	○	○			○	○	○			○		
367	찢다	やぶる	○	○										
368	차갑다	冷たい						○						
369	차다	冷たい	○	○					○			○	○	○
370	참다	耐える		○										
371	찾다	探す	○	○	○		○	○	○			○	○	
372	추다	踊る		○			○	○						
373	춥다	寒い	○	○	○		○	○	○				○	
374	치다	打つ	○	○			○	○						○
375	켜다	(電気を)つける	○	○			○	○				○		○
376	크다	大きい	○	○			○	○	○			○	○	○
377	키우다	育てる		○										
378	타다	乗る	○	○			○	○	○			○	○	
379	터지다	破れる.破れ出る		○										
380	튀기다	揚げる		○										
381	틀리다	間違える	○	○								○		○
382	파다	掘る		○										
383	파랗다	青い	○	○	○		○							
384	팔다	売る	○		○	○	○	○	○			○	○	
385	펴다	敷く.広げる	○	○									○	
386	펼치다	広げる		○										
387	푸르다	青い	○	○				○	○					
388	풀다	ほどく.解く	○	○										○
389	피다	(花が)咲く	○	○	○	○	○	○				○	○	
390	피우다	(たばこを)吸う						○	○	○				
391	-하다	…する(動詞)	○	○	○	○	○	○	○	○	○	○	○	○
392	-하다	…だ(形容詞)	○	○	○	○	○	○	○	○	○	○	○	○
393	하얗다	白い	○	○	○		○							
394	핥다	なめる		○										
395	해롭다	有害だ		○										

No	出現用言	意味	コ	小	暮	至	延	高	カ	で	旧5	旧4	新5	新4
396	헤어지다	別れる				○		○						
397	흐르다	流れる	○	○		○								○
398	흐리다	曇る					○			○				
399	희다	白い		○										○
400	흔들다	振る. 揺する		○				○						
401	힘들다	大変だ						○	○					○

- 『朝鮮語辞典』と『コスモス朝和辞典』からは，それぞれ「最重要語」と「重要語」とされているものを，『暮らしの単語集』では「★★★」表示の「最重要語」のものを，その他の教科書からは索引に載っているものを，そして2002年度のハングル検定試験4,5級や2006年度改定のハングル検定試験4,5級からは全出現語彙を調査した.

- 가져가다(持って行く), 뛰어가다(走って行く)のような合成語や나가다(出て行く)のように1単語化したものは別個に数えずに，가다(行く)の項目で扱った. 同じように，공부하다(勉強する)や조용하다(静かだ)のようなものも別個に数えず，하다の項目で扱った.

- 133の들리다(聞こえる)が現れている学習書は6種に達していないが，使用頻度も高いことから，本書に採択した.

- 333の잡수시다(召し上がる)と同じ意味の129の드시다の出現数は，6種の学習書に達していないが，使用頻度が잡수시다より高いことから，本書に採択した.

- 225の빨갛다(赤い)や393の하얗다(白い)が現れている学習書は6種に達していないが，色を表す形容詞の例，同時にㅎ変格の例として採択した.

教材に現れた語尾など

　下記の表は，日本と韓国で発行されている 9 種の教科書やハングル能力検定試験に現れる活用語尾などの一覧である．本書では，基本的に 5 種以上に現れている語尾の他に，使用頻度の高い語尾を採択した．

「至」:『至福の朝鮮語』(朝日出版社)本文，「延」:『韓国語 1』(延世大学校)，「高」:『韓国語 1』(高麗大学校)，「カ」:『カナダ 1』(Sisa Education)，「で」:『できる韓国語』(梨花女子大学校)，「旧 5」:2002 年度のハングル能力検定試験 5 級，「旧 4」:2002 年度のハングル能力検定試験 4 級，「新 5」:2006 年度改定のハングル能力検定試験 5 級，「新 4」:2006 年度改定のハングル能力検定試験 4 級．　□は本書採択のもの

No	出現文法形式	意味	至	延	高	カ	で	旧5	旧4	新5	新4
1	Ⅰ-거든요	…なものですから	○							○	○
2	Ⅰ-거나	…したり					○				
3	Ⅰ-게	…するように	○	○							
4	Ⅰ-겠습니다	…します	○	○	○	○	○			○	○
5	Ⅰ-고	…して	○	○	○	○	○				○
6	Ⅰ-고 싶다	…したい	○	○	○	○	○		○		
7	Ⅰ-고 있다	…している	○	○	○	○	○				
8	Ⅰ-기	…すること				○					
9	Ⅰ-기 때문에	…するので	○		○		○				
10	Ⅰ-기로 하다	…することにする		○			○				
11	Ⅰ-기 시작하다	…し始める			○						
12	Ⅰ-기 전에	…する前に		○	○	○					
13	Ⅰ-ㄴ	…する/した(＋体言)	○	○			○				○
14	Ⅰ-ㄴ가?	…するのかな？	○								
15	Ⅰ-ㄴ 것 같다	…のようだ		○							
16	Ⅰ-ㄴ 적이 있·다·없다	…したことがある/ない			○						
17	Ⅰ-는다고	…だと									○
18	Ⅱ-ㄴ다고	…だと									○
19	Ⅱ-ㄴ 후에	…した後に				○	○				
20	Ⅰ-네요	…しますね	○								○
21	Ⅰ-는	…する(＋体言)	○	○				○			
22	Ⅰ-는가?	…するのかな？									
23	Ⅰ-는군요	…しますね			○						
24	Ⅰ-는다	…する	○								
25	Ⅱ-ㄴ다	…する	○								
26	Ⅰ-는데(요)	…するけど(しますけど)	○	○	○		○				

No	出現文法形式	意味	至	延	高	カ	で	旧5	旧4	新5	新4
27	Ⅰ-는 동안	…する間		○							
28	Ⅱ-니까	…するから		○			○				○
29	Ⅰ-다	…である	○	○	○	○	○	○	○	○	○
30	Ⅲ-도	…しても					○				
31	Ⅲ 드리다	…してさしあげる					○				
32	Ⅱ-ㄹ	…する(＋体言)	○	○	○				○		
33	Ⅱ-ㄹ 것이다	…するつもりだ		○							
34	Ⅱ-ㄹ 것 같다	…するようだ		○							
35	Ⅱ-ㄹ게요	…しますからね									○
36	Ⅱ-ㄹ까요?	…しましょうか		○		○	○		○		○
37	Ⅱ-ㄹ래요	…しますよ									○
38	Ⅱ-ㄹ 수 있다/없다	…することができる/できない		○			○				
39	Ⅱ-러 가다	…しに行く		○	○	○					
40	Ⅱ-려고 하다	…しようと思っている		○	○	○					
41	Ⅱ-려면	…するためには					○				
42	Ⅱ-ㅁ	…すること	○								
43	Ⅱ-면	…すれば	○	○			○				○
44	Ⅱ-면서	…しながら				○					
45	Ⅱ-면 안 되다	…してはいけない	○				○				
46	Ⅱ-면 좋겠다	…したいなあ		○							
47	Ⅱ-ㅂ니다	…します	○	○	○	○		○	○		
48	Ⅱ-ㅂ니다만	…しますが	○								
49	Ⅱ-ㅂ시다	…しよう		○		○			○		
50	Ⅲ-도 되다	…してもよい									○
51	Ⅲ 보다	…してみる		○			○				
52	Ⅲ-서	…するので	○	○	○						○
53	Ⅰ-습니다	…します	○	○	○	○		○	○		
54	Ⅰ-습니다만	…しますが	○								
55	Ⅱ-십니다/세요	…なさいます	○	○		○	○				
56	Ⅱ-십시오	…してください			○	○					
57	Ⅲ-ㅆ-	…した(過去形)	○	○	○	○		○	○	○	○
58	Ⅲ-ㅆ는데	…したが									
59	Ⅲ-ㅆ으면 하다	…してほしい	○								
60	Ⅲ-ㅆ을 때	…したとき									
61	Ⅲ-야 하다	…しなければならない	○				○				
62	Ⅲ-요	…します	○	○		○		旧5		新5	
63	Ⅲ 있다	…している	○				○				
64	Ⅰ-자	…しよう	○								
65	Ⅲ 주다	…してあげる/くれる	○	○		○					
66	Ⅰ-지마십시오/마세요	…しないでください	○	○	○						
67	Ⅲ-지다	…(く/に)なる	○								

237

No	出現文法形式	意味	至	延	高	カ	で	旧5	旧4	新5	新4
68	Ⅲ-지만	…けれども	○				○		○		
69	Ⅰ-지 못 하다	…できない	○	○					○		
70	Ⅰ-지 않는(않은.않을)	…しない(＋体言)									
71	Ⅰ-지 않다	…しない	○			○	○		○		
72	Ⅰ-지요(죠)	…でしょう	○	○			○			○	

- 5種以上の学習書に現れているものの他に，使用頻度が高いと判断される文法形式を採択した．
- 57「Ⅲ-ㅆ는데」(…したが)や59「Ⅲ-ㅆ을 때」(…したとき)などは，索引にはなくとも，たとえば本文には多々現れるものは採択した．また69「Ⅰ-지 않는(않은.않을)」のように動詞と形容詞とで形が異なって現れるものは採択した．

日本語からの索引

● あ

会う 만나다. 보다	70,88
合う 맞다	74
遭う 맞다	74
赤い 빨갛다	191
あがる 오르다	124
開く 열다	120
開ける 열다	120
あげる 주다	140
合っている 맞다	74
遊ぶ 놀다	42
暑い 덥다	182
甘い 달다	181
洗う 씻다	114
ありがたい 고맙다	170
ある 있다	164
歩く 걷다	24

● い

良い 좋다	203
行かせる 보내다	86
生きる 살다	100
行く 가다	18
忙しい 바쁘다	187
痛い 아프다	197
(食べ物などが)傷む 쉬다	104
いない 없다	162
嫌だ 싫다	194
居らっしゃる 계시다	30

● う

いる 있다	164
入れる 넣다	164
(お茶を)入れる 타다	154

受け取る 받다	82
歌う 부르다	92
打つ 치다	150
美しい 아름답다	196
売る 팔다	156
嬉しい 기쁘다	174
(会えて)嬉しい 반갑다	188

● お

おいしい 맛있다	166
多い 많다	183
大きい 크다	208
置く 두다	44
置く 놓다	44
送る 보내다	86
遅れる 늦다	46
教える 가르치다	20
(判を)押す 찍다	146
遅い 늦다	179
同じだ 같다	169
重い 무겁다	186
お休みになる 주무시다	142
降りる 내리다	38
おろす 내리다	38

(お金を)おろす 찾다	148

● か
買う 사다	98
変える. 代える	80
掛かる 걸리다	28
書く 쓰다	112
掛ける 걸다	26
悲しい 슬프다	193
通う 다니다	48
辛い 맵다	184
(声が)かれる 쉬다	104
簡単だ 쉽다	192

● き
聴く. 聞く 듣다	60
聞こえる 들리다	64
着る 입다	132
きれいだ 예쁘다	200

● く
空腹だ (배가)고프다	171
暮らす 살다	100
来る 오다	122
くれる 주다	140

● け
喧嘩する 싸우다	110

● こ
(味が)濃い 짜다	204
異なる 다르다	180

● さ
探す 찾다	148
咲く 피다	158
差し上げる 드리다	56
させる 시키다	106
寒い 춥다	207

● し
塩辛い 짜다	204
閉める 닫다	52
出発する 떠나다	66
所有する 가지다	22
知らない 모르다	78
知る 알다	118
白い 하얗다	210

● す
(お腹が)すいている (배가)고프다	171
少ない 적다	202
過ごす 보내다	86
住む 살다	100
する 하다	160
(スキーやスケートを)する 타다	154
座る 앉다	116

● そ
そうだ 그렇다	173

● た
…だ -하다	209
大丈夫だ 괜찮다	172

240

高い 높다	178	
(値段が)高い 비싸다	190	
出す 내다, 부치다	36, 94	
戦う 싸우다	110	
立つ 서다	102	
食べる 먹다	76	

● ち
小さい 작다	201
近い 가깝다	168
違う 다르다	180
違う 아니다	211
注文する 시키다	106
散る 지다	144

● つ
使う 쓰다	112
つかまえる 잡다	136
つかむ 잡다	136
作る 만들다	72
(電気を)つける 켜다	152
つける 찍다	146
勤める 다니다	48
冷たい 차다	206

● て
…である -(이)다	212
できあがる 되다	54
…ではない 아니다	211
出る 나다	34

● と

どうだ 어떻다	198
遠い 멀다	185
閉じる 닫다	52
取り替える 바꾸다	80
撮る 찍다	146

● な
ない 없다	162
長い 길다	175
泣く 울다	126
鳴く 울다	126
習う 배우다	84
なる 되다	54

● ね
寝る 자다	134

● の
のぼる 오르다	124
飲む 마시다	68
乗る 타다	154
…のようだ 같다	169

● は
履く 신다	108
恥ずかしい 부끄럽다	189
(お金を)払う 내다	36
離れる 떠나다	66

● ひ
(ギターやピアノを)弾く 치다	150
低い 낮다	177

ひっかかる 걸리다	28		易しい 쉽다	192
開く 열다	120		安い 싸다	195
			休む 쉬다	104
● ふ			休む 놀다	42
(風が.笛を)吹く 불다	96		やる 주다	140
拭く 닦다	50		やる 주다. 하다	140,160
降る 내리다	38			
			● よ	
● ま			良い 좋다	203
負ける 지다	144		呼ぶ 부르다	92
待つ 기다리다	32		読む 읽다	130
学ぶ 배우다	84			
			● わ	
● み			わからない 모르다	78
見える 보이다	90		わかる 알다	118
磨く 닦다	50		笑う 웃다	128
短い 짧다	205		悪い 나쁘다	176
見せる 보이다	90			
見つける 찾다	148			
見る 보다	88			

● む
難しい 어렵다　　199

● め
召し上がる 드시다. 잡수시다
　　　　　　　　　58, 138

● も
持つ 들다. 가지다　　62, 22
もらう 받다　　82

● や

形容詞, 指定詞につく語尾など

第Ⅰグループの形

Ⅰ-겠습니다 …でしょう	Ⅰ-겠어요 …でしょう	Ⅰ-습니다, Ⅱ-ㅂ니다 …です
Ⅰ-지 않습니다 …くないです	Ⅰ-지 않아요 …くないです	Ⅰ-지만 …けれども
Ⅰ-죠? …でしょう?	Ⅰ-게 …ように	Ⅰ-고 …し

第Ⅱグループの形

Ⅱ-ㄹ겁니다 …でしょう	Ⅱ-ㄹ 거예요 …でしょう	Ⅱ-면 …ければ
Ⅱ-면 됩니다 …ければいいです	Ⅱ-면 돼요 …ければいいです	Ⅱ-니까 …から
Ⅱ-ㄴ 것 같습니다 …ようです	Ⅱ-ㄴ 것 같아요 …ようです	Ⅱ-ㄴ데 …けど
Ⅱ-ㄹ까요? …でしょうか?	Ⅱ-ㄹ (때) …(とき)	Ⅱ-ㄴ (거) …(もの)

第Ⅲグループの形

Ⅲ-ㅆ습니다 …かったです	Ⅲ-ㅆ어요 …かったです	Ⅲ-요 …です
Ⅲ-도 됩니다 …くてもいいです	Ⅲ-도 돼요 …くてもいいです	Ⅲ-서 …ので